授業の腕が上がる新法則シリーズ

# 「理科」

## 授業の腕が上がる新法則

監修 **谷 和樹**

編集 **小森栄治・千葉雄二・吉原尚寛**

JN117410

学芸みらい社
GAKUGEI MIRAISHA

# 刊行のことば

## 谷　和樹
（玉川大学教職大学院教授）

### 1　「本人の選択」を必要とする時代へ

今、不登校の子どもたちは、どれくらいいるのでしょうか。

**約16万人**[※1]

この数は、令和元年度まで6年間連続で増え続けています。小学校では、144人に1人、中学校では、27人に1人が不登校です。

学校に行けない原因が子どもたちにあるとばかりは言えません。もちろん、社会環境も変化していますから、学校にだけ責任があるとも言えません。しかし、学校の授業やシステムにも何らかの問題があると思えます。

以前、アメリカでPBIS（ポジティブな行動介入と支援）というシステムを取り入れている学校を視察しました。印象的だったのは「本人の選択」という考え方が浸透していたことです。その時の子ども本人の心や体の状態によって、できることは違います。それを確認し、あくまでも本人にその時の行動を選ばせるという方法です。

これと教科の指導とを同じに考えることはできないかも知れません。しかし、「本人の選択」を可能にする学習サービスが世界的に広がり、増え続けていることもまた事実です。例えば「TOSSランド」は子ども用サイトではありませんが、お家の方や子どもたちがご覧になって勉強に役立てることのできるページもたくさんあります。他にも、次のようなものがあります。

①オンラインおうち学校[※2]
②Khan Academy[※3]
③TOSSランド[※4]

さて、本書ではこうしたニーズにできるだけ答えたいと思いました。

激動する社会の変化に対応する教育へのパラダイムシフト〜子どもたち「本人の選択」を保障する考え方、そして幅広い「デジタル読解力」を必須とする考え方を公教育の中で真剣に考える時代が到来しつつあります。

そこで、教師の「発問・指示」をきちんと示したことはもちろんですが、「他にもこんな選択肢がありますよ」といった内容にもできるだけ触れるようにしています。

## 2 「デジタルなメディア」を読む力

PISA2018の結果は、ある意味衝撃的でした。日本の子どもたちの学力はそれほど悪くありません。ところが、「読解力」が前回の2015年の調査に続いて今回はさらに落ちていたのです。本当でしょうか。日本の子どもたちの読解力は世界的にそれほど低いのでしょうか。実は、他のところに原因があったという意見もあります。

パソコンやタブレット・スマホなどを学習の道具として使っていない。

これが原因かも知れないというのです。PISAがCBTといってコンピュータを使うタイプのテストだったからです。

実は、日本の子どもたちはゲームやチャットに費やす時間は世界一です。ところが、その同じ機械を学習のために有効に使っている時間は、OECD諸国で最下位です。もちろん、紙のテキストと鉛筆を使った学習も大切なことは言うまでもありません。しかし、写真、動画、Webページなど、全教科のあらゆる知識をデジタルメディアで読む機会の方が多くなっているのが今の社会です。

そうした、いわば「デジタル読解力」について、今の学校のカリキュラムは十分に対応しているとは言えません。

本書の読者のみなさんの中から、そうした問題意識をもち、一緒に研究を進めてくださる方がたくさん出てくださることを心から願っています。

※1　文部科学省初等中等教育局児童生徒課『平成30年度児童生徒の問題行動・不登校等生徒指導上の諸課題に関する調査結果について』令和元年10月　https://www.mext.go.jp/content/1410392.pdf
※2　オンラインおうち学校（https://www.alba-edu.org/20200220onlineschool/）
※3　Khan Academy（https://ja.khanacademy.org/）
※4　TOSSランド（https://land.toss-online.com/）

# まえがき

　先日、教え子と科学作品展の準備会で再会した。小学校で5年勤務し、産休明けで理科主任になったという。初めての理科専科で右も左も分からないと話していた。彼女にすぐ、この本の前作である『「理科」授業の新法則化』を送った。彼女からすぐに手紙が届いた。

「先生からいただいた本のおかげで、授業の見通しが立ちました」

　こうして若い先生の授業と教師生活を充実させることができた。

　2019年ノーベル化学賞を受賞した旭化成の吉野彰氏は、小学校4年生の時、ファラデー著『ロウソクの科学』を読んだことで科学者の道を志した。その本を紹介したのが吉野氏の担任であった新任の先生だったのである。ノーベル賞を受賞するような子どものきっかけを作ったのは理科好きな先生だったのである。

　この本を手にした先生方が、子どもたちの人生を左右するような楽しくワクワクするような理科授業を行ってくれることを願っている。

　この本の特徴は、巻頭の全体構造図で、小中学校の理科の単元のつながりが一目で分かることである。各単元の単元構成が見開きでビジュアルにまとめてある。細案のページでは、新学習指導要領で求められている、主体的・対話的で深い学びを実現する授業例を紹介している。

　理科を教えた経験のある先生だけでなく、理科専科の先生を読者に想定し、教科書に＋αした内容や観察実験の方法も紹介してある。予備実験を行い、安全に留意して授業に臨んで欲しい。

　最後に、今回編集、執筆の機会を与えて下さった学芸みらい社樋口雅子氏と、常に日本の未来の行く末を思い叱咤激励して下さる向山洋一氏に心から感謝申し上げます。

編者代表　吉原尚寛

# 目次

# エネルギー領域

# 粒子領域

# 生命領域

# 地球領域

# 小・中理科４領域の全体構造図

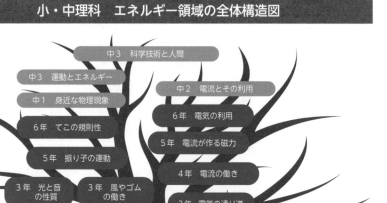

## 小・中理科　エネルギー領域の全体構造図

- 中３　科学技術と人間
- 中３　運動とエネルギー
- 中１　身近な物理現象
- 中２　電流とその利用
- ６年　てこの規則性
- ６年　電気の利用
- ５年　電流が作る磁力
- ５年　振り子の運動
- ４年　電流の働き
- ３年　光と音の性質
- ３年　風やゴムの働き
- ３年　電気の通り道
- ３年　磁石の性質

**エネルギーの木**

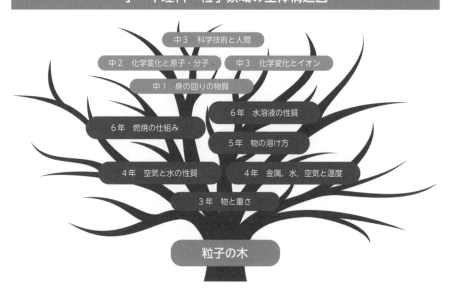

## 小・中理科　粒子領域の全体構造図

- 中３　科学技術と人間
- 中２　化学変化と原子・分子
- 中３　化学変化とイオン
- 中１　身の回りの物質
- ６年　水溶液の性質
- ６年　燃焼の仕組み
- ５年　物の溶け方
- ４年　空気と水の性質
- ４年　金属，水，空気と温度
- ３年　物と重さ

**粒子の木**

## 小・中理科　生命領域の全体構造図

中3　自然と人間

中3　生命の連続性

中2　生物の体の
つくりと働き

中1　いろいろな生物
とその共通点

6年　生物と環境

6年　植物の養分と水の通り道

6年　人の体の
つくりと働き

5年　動物の誕生

5年植物の発芽，成長，
結実

4年　人の体のつくりと
運動

4年　季節と生き物

3年　身の回りの生き物

生命の木

## 小・中理科　地球領域の全体構造図

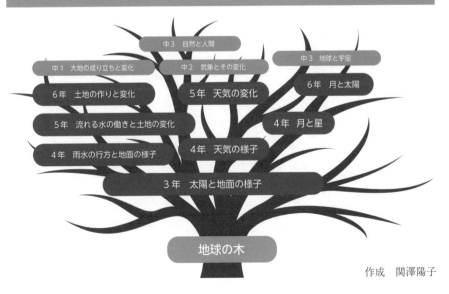

中3　自然と人間

中1　大地の成り立ちと変化

中2　気象とその変化

中3　地球と宇宙

6年　土地の作りと変化

5年　天気の変化

6年　月と太陽

5年　流れる水の働きと土地の変化

4年　月と星

4年　雨水の行方と地面の様子

4年　天気の様子

3年　太陽と地面の様子

地球の木

作成　関澤陽子

9

# 3年 「音の伝わり方と大小」

## 音の性質について調べよう→ 「音が出るとき、物は

### (1)音が出るとき、物はふるえているだろうか

P.12・13 に授業細案

**第1・2時** 音が出る物をつくって調べる。

①いろいろな音の出る物をつくって、音が出る物の共通点を見つけよう。
②音が出るがっきは、ふるえているか調べよう。

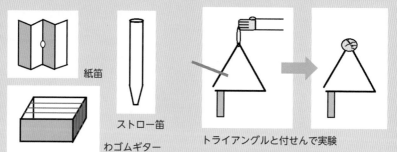

紙笛

ストロー笛

わゴムギター

トライアングルと付せんで実験

### (2)音が大きいときと小さいときで、
　　物のふるえ方はちがうのだろうか

**第3時** 音が大きいときと小さいときの、物のふるえ方を調べる。

③わゴムギターやトライアングルを使って、
　大きい音と小さい音を出してふるえ方を
　調べよう。

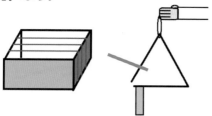

音が大きいときと
小さいときで、わゴムや
付せんのふるえ方を調べる。

【音が大きいとき】
　ふるえ方……大きい
【音が小さいとき】
　ふるえ方……小さい

# "音はふるえることだ!"を体感しよう!

## ～5時間～

## どのようにふるえているのだろうか?」

### (3)音がつたわるとき、音をつたえる物は、ふるえているだろうか

**第4・5時** 音をつたえている物が何かを調べる。

④糸電話の片方にトライアングルをむすびつけ、音が聞こえるか調べよう。
⑤糸電話は、どれくらいのきょりまではなれて、声をつたえ合うことができるか調べよう。

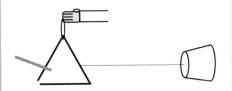

糸がふるえている。
糸を指でつまむと音が聞こえなくなる。

糸電話のきょりが長くなっても、声をつたえ合うことができる。

## 授業のポイントは、ここ!

### ふるえていることを「見える化」させる

　教科書では、紙笛やわゴムギターが紹介されている。普段使っている風船や紙コップでもふるえていることを「見える化」することができる。

　風船を膨らませ、1人は風船に耳につける。もう1人は風船に口をつけて「あー」と叫ぶ。すると、風船がふるえて聞こえることが分かる。

　紙コップでは、側面に十字にカッターで切り、穴を開ける。紙コップの底に、モールのヘビを置き、十字の穴から声を出すと、モールのヘビが回る。

　音叉があれば、音叉を叩いて水に入れると、水しぶきがあがったり、水がふるえているのが分かる。

は、さらに授業の進め方を示したところ

# 音が出る・音の大きさ・音のつたわり

 ○ふるえていることを見える化したり、体感させたりする。
○差異点と共通点に注目させる。

## 1　音が出る物をつくって、共通点を見つける（第1時）　主体的

> 　紙笛、ストロー笛、わゴムギター、風船、回るヘビの5つのブースをつくって、音を出します。
> 「音が出るものは□□□□いる」何をしているか見つけます。

　黒板に「音が出るものは□□□□いる」と書く。

　理科室の机1つを1つのブースとして、紙笛ブース、ストロー笛ブース、わゴムギターブース、風船ブース、回るヘビブースの5つを準備する。

| 黒　板 | | |
|---|---|---|
| 紙笛ブース | わゴムギターブース | |
| ストロー笛ブース | 風船ブース | |
| 回るヘビブース | | |

【ポイント】

　紙笛ブースは、折り紙を半分に切っておく。

　わゴムギターブースは、ティッシュペーパーの箱に切り込みを入れて、わゴムを引っかけておく（はじくだけにする）。

　ストロー笛ブースは、先を細く切って、最後とがっている部分を切り落としておく。

　風船ブースは、風船を膨らませておく。

　回るヘビブースは、切った紙コップとモールを準備。

「音が出るものは□□□□いる」何をしているかノートに書きなさい。

音が出るものは　ふるえている

【ポイント】
　声も音であることをつたえて、喉を触らせ、ふるえているか確認する。

## 実験で使用するモノの紹介

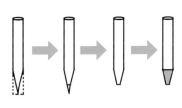

【ストロー笛】
①鉛筆のように先を細く切る。
②先のとがった部分を切り落とす。
③色がついている部分を爪で強くこする。
　ストロー笛は、切っていない方を口に入れて吸い込み、切った部分がふるえるのを確かめることができる。

【回るヘビ】
　紙コップの側面に、カッターで十字に切り込みを入れて穴を開けておく。モールは5cmほどに切っておく。
　ヘビがうまく回るように、調整させるとよい。

（尾川智子）

# 3年 「磁石が引きつけるもの・異極と同極」

## 磁石について調べよう→ 「磁石が引きつけるもの、

### (1)磁石が引きつけるものを調べよう

**第1〜4時** 磁石が引きつけるものは何か。

①磁石が引きつけるものを見つけよう。P.16〜19に授業細案
②磁石が引きつけるものと引きつけないものを探そう。
③磁石が引きつけるものの正体をつきとめよう。
④砂鉄を集めてみよう。

### (2)磁石の性質を調べよう

**第5〜7時** 磁石と磁石はどのようなときに引き合うのか。

⑤鉄を引きつける力は、磁石のどの部分が強いか調べよう。
⑥磁石はどのようなときに引きつけ、しりぞけ合うのか調べよう。
⑦実験で分かったことを話し合い、まとめよう。

# 磁石の性質を探ろう！
## ～12時間～

## 引きつけないものは何か？」

### (3) 磁石のはたらきを調べよう

**第8～12時** 鉄は磁石になるのか。

⑧なぜ磁石から離れた釘が引きつけられたままなのか話し合おう。
⑨なぜ釘が磁石になったのかを調べよう。
⑩鉄でできたものを磁石にしてみよう。
⑪磁石の性質を利用したおもちゃをつくろう。
⑫磁石の性質やはたらきをまとめよう。

## 授業のポイントは、ここ！

　本単元では、差異点や共通点を基に、磁石の性質についての問題を見いだし、表現することが中心となる。

　十分な活動時間を与え、磁石に引きつけられるもの、引きつけられないものを調べ、実験の結果をカードや表などに分類、整理させたい。そして、磁石の性質について考えたり、説明したりする活動の充実を図りたい。

　また、日常生活との関連として、身の回りには、磁石の性質を利用したものが多数あることを取り上げたい。

　　　　　　　は、さらに授業の進め方を示したところ

# 磁石が引きつけるものは何か？

○発見したことをカードに書かせ、実験を共有化させる。
○磁石に引きつけられるものの正体を日常生活との関連で考えさせる。

## 1 カードに書かせ、分類させる（第1・2時）

> 磁石はどこにありますか。

このようにまず、子どもたちの経験を問う。

教室の中の磁石を探させる。

そして、磁石を使って、面白いと思ったこと、やってみた実験などを記録させていく。

分類させるには、ノートよりもカードの方が適している。

八つ切画用紙の4分の1の大きさのカードに次々書かせていく。

ポイントは、1枚に1つの事。「一枚一事」である。

1枚かけたら持って来させる。

当たり前なことでも、その子にとっては大発見。

「じしゃくにじしゃくがくっついた」

「じしゃくにくぎがついた」など

どんな些細なことでも書かせることが重要だ。

白紙の実験カードに、自分のやった実験を記録させる。

さらに、たくさん書くようになるには、子どもたちが発見、実験したことを、教師が面白がって、びっくりしてあげることだ。

子どもは、1枚書いては、カードを持ってくる。

実験を見せてから、カードに書く子もいる。

「これすごいなあ。はじめて見た。」

他の子どもたちに聞こえるように少し大きな声で言う。

子どもたちが発見をした子の元に自然と集まる。

友達の実験を見て、まねて、さらに思考は拡散していく。

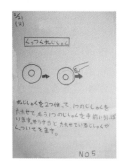

カードには、①記録事項②記録図③記録文を書かせる。

　①記録事項にはタイトル、②記録図には実験した図、③記録図には、実験の解説文を必ず書かせる。

　そして、大切なのはナンバーである。

　何枚書いたか？　が意欲を刺激するのである。

　千葉学級では、2時間で一番多い子は21枚書いた。

◇3匹の犬の散歩
◇四方八方
◇レース
◇アップップ～
◇えんぴつトランポリン
◇千葉先生頭

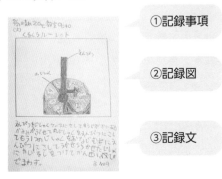

①記録事項

②記録図

③記録文

　このようにタイトルを工夫させるとよい。優等生女子は、しっかりとしたカードを書くが、やんちゃ男子はひたすら数で勝負してくる。

　そこに面白い発見が出てくる。

　例えば、「コマを回してそこに磁石をつけて、まだ回っていました！」といったものである。これは、優等生女子には思いつかない発見である。

**主体的・対話的**

▲井戸端会議の対話から発見の共有化

▲主体的に面白い実験の共有化

　様々な発見は、人から人へ共有化させる。

　カードは、休み時間でも見られるように廊下の壁面にずらっと貼らせた。

　「○○君のこの実験やったなあ」

エネルギー領域：磁石

「○○さんの実験、面白そうだなあ。やってみよう！」

比較することで、差異点や共通点を見いだすことができる。

貼らせるときは、次の観点で分けさせる。

> A　くっつく・引きつける
> B　離れる・反発する
> C　その他（釘が磁石になるなど）

**深い学び**

自分の実験、発見は、「反発の実験だったのか！」と、分類しながら、磁石の性質を再認識するのである。

そして、友達のカードから、やってみたい面白そうな発見を再び実験させる。

「実験→記録→分類→実験→記録」という流れである。

子どもたちは、熱中して磁石で遊び、しっかりと磁石の性質を学びとっていく。

この活動の中で、新たな問いが子どもの中に生まれている。

「磁石のはたらきを調べる自由な活動を通して問題をつかむ」のである。

そして、「自分たちで捉えた問題を追究する」熱中する授業につながっていく。

## 2　磁石が引きつけるものの正体は？（第3時）

クーピーのセットを見せて、問う。

> 磁石がつくのはどこか？

子どもたちは、「先生バカにしないでください！」といった表情だ。

「ふたの部分」、「鉛筆削りの銀の部分」

予想を立てさせてから、実験で確かめさせる。

この時に、磁力の強いネオジム磁石を使用させる。

しばらくすると、大発見をする子が出る。

「先生！　茶色のクーピーにくっついた！」

今までの磁石がくっついたものを思い出し、概念が崩されるので、クーピーの中にくっつくものがあるという事実に子どもたちはびっくりする。

そして、新たな疑問が浮かんでくる。

「どうして、茶色のクーピーがくっつくのか？」

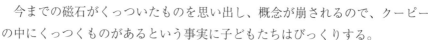

しばらくすると、道具箱の中からクレヨンや色鉛筆を出し、実験をしてみる子が出る。
「先生、茶色のクレヨンがちょっとだけくっつきました‼」
　再び教室は熱気に包まれる。

> どうして、茶色に磁石が引っつくのでしょうね？

「磁石が入っている」「きっと鉄が入っている」「砂鉄が混ぜてあるんだよ」
　子どもたちは、様々な想像をする。
「磁石に引きつけられるものの正体」に迫るために、さらに次の実験を行う。
　サプリメントとコーンフレークである。

> 鉄がつくのなら、鉄分入りのモノのもつきますか？
> 　Ａくっつく　Ｂくっつかない　Ｃほんの少しつく　Ｄその他
> 予想をして、話し合ってごらんなさい。

▲鉄分入りのサプリメント

▲鉄分入りのコーンフレーク

　実験をすると、どちらもわずかに、引きつけられる。
　鉄分入りのサプリメントは、タイヤが転がるように置くと分かりやすい。
　鉄分入りのコーンフレークは、水に浮かせると引きつけられる様子がはっきりする。
　どちらも反応がわずかなので、やはり磁力の強いネオジム磁石がお勧めだ。
　その後、お札、切符など磁石が引きつけるものを扱う。
　単元を通して、常に日常生活との関連を意識し、身の回りには、磁石を利用したものが多数あることを取り上げていくとよい。
【参考文献】向山洋一年齢別実践記録集　第24巻「三年理科研究授業、さらに
　　　　　広がる教育実践」向山洋一著　　　　　　　　　　　（千葉雄二）

# 3年「電気の通り道」

## 豆電球に明かりをつけよう→「つなぎ方や電気を通

### (1)乾電池と豆電球をどのようにつないだら明かりがつくだろうか
P.22・23 に授業細案

**第1・2時** 回路をつくって明かりをつける。

①乾電池1個、豆電球1個、導線付きソケット1個を使って明かりをつける。
　乾電池1個、豆電球1個、導線一本で明かりをつける。
　※ソケットなしの実験では、ショート回路を作らないよう注意する。
②回路ができているが、明かりがつかないときの原因を調べる。
　豆電球の中身を見て、回路に気づく。

### (2)電気を通すもの、通さないものはどのようなものだろうか
P.24・25 に授業細案

**第3・4時** 電気を通すものと通さないものを調べる。

③導線の間にものを入れて、明かりがつくか調べる。
　同じものでも、つくものとつかないものがあることを知る。
④材質に注目させてまとめる。

★はさみやクリップなど同じものでも、材質が違っ
たり、同じ材質でも塗装がしてあるものがあること
を知る。調べる中で、塗装をはがすと明かりがつく
ことを知る。

# 電気の通り道を探ろう！

## ～8時間～

## すものを調べる」

### (3)豆電球を使っておもちゃをつくろう

**第5〜7時** 回路の仕組みや、ものの材質に注目しておもちゃ
づくりをする。

⑤回路の仕組みを使ったおもちゃを知る。

　電気を通すものと通さないものを組み合わせたおもちゃを知る。

⑥⑦学習したことを生かして、おもちゃをつくる。

 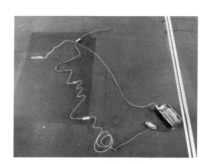

### (4)たしかめよう、学んだことを生かそう

**第8時** 学習のまとめをする。

⑧身の回りで、電球は何に使われているのか調べる。

　金属は電気を通すことをまとめる。
　豆電球に明かりがつく回路のつなぎ方と電気を通すものについてまとめる。

### 授業のポイントは、ここ！

乾電池の＋極と−極に導線をつなぎ、回路になると明かりがつく。

電気を通すものと通さないものでは、材質や塗装に気づかせて調べる。

　　　　　は、さらに授業の進め方を示したところ

# 明かりがつくつなぎ方・
# 電気を通すもの、通さないもの調べ

○豆電球に明かりをつける実験で、回路になる条件に気づかせる。
○電気を通すものでは、材質の違いや塗装に気づかせる。

## 1 豆電球に明かりをつける（第1時） 主体的・対話的

> 乾電池と導線付きソケット、豆電球を使って明かりをつけます。

はじめて見る児童もいるので、実験道具を見せながらやり方を説明する。
準備ができた班の代表を呼び、班の人数分実験道具を渡す。
班で相談しながら、いろいろなつなぎ方を試し、明かりをつける。

> どのようにつないだら、明かりがつきますか。

児童に説明をさせながら、つくつなぎ方、つかないつなぎ方を確認する。

明かりがついた　　　　　明かりがつかなかった　　　　明かりがつかなかった

乾電池の＋極と-極に導線をつなぎ、回路ができると明かりがつくことを確認
する。

　導線付きソケットを回収し、導線2本を配る。回
路が理解できていれば、すぐに明かりがつけられる。
「友達と協力してもいいですか」
「セロハンテープを使ってもいいですか」
といった質問が出たときには、クラス全体に伝え、
やり方を共有する。

　できると思う人？　できないと思う人？　人数の分布を確認する。できない
と考える児童もいると考えられる。

　ここでも「回路」を意識させて、1つの輪になっ
ていると明かりがつくことを確認する。

　児童は、1人で試したり、友達と協力して試した
り、試行錯誤する。

　できない、本当に明かりがつくのかな、という声
が出ることもあるが、その中で「ついた！」という
声があがる。

　明かりがついた児童に声
をかけ、教師の前で再現さ
せる。そして、＋極、－極、
導線という言葉を使って説
明させる。

　クラスの大部分の児童の
明かりがついたら、明かり
がつくつなぎ方を全体で共
有し確認する。

## 2　電気を通すもの、通さないものを調べる（第3・4時）

　電気を通すもの、通さないものを調べるために、一番簡単な道具は、写真のように乾電池、豆電球、導線付きソケット、導線でつくった道具である。道具は1人1つ準備するとよいので、学校に道具が揃っていない場合は、キットを購入するとよい。回路の一部が切れている（写真の赤い丸の部分）ので、この間に、いろいろなものを入れて、豆電球に明かりがつくか調べる。

　回路の間に入れて調べるものは、箱などにまとめ、班で1セット用意する。

　同じものでも明かりがつく児童、つかない児童が出てくる場合もあるので、そのときには、明かりがついた児童が、導線をどこにつけたら明かりがついたかを班の児童に説明するように指導しておく。

　班で協力して実験をする。全員明かりがつけば○、全員つかなかったら×を書くよう指導する。

> どのようなものが電気を通し、どのようなものが電気を通さないでしょうか。

　このときに大切なことは、材質や塗装に注目させることである。

　例えば、はさみであっても持つところはプラスチック、切るところは鉄の場合がある。また、はさみの切るところが鉄であっても、塗装してあって明かりがつかない場合もある。以下のものを班に1セットずつ準備しておくとよい。

| 調べるもの | 材質（何でできているか） | 予想 | 結果 |
|---|---|---|---|
| はさみ（持つところ） | プラスチック | × | × |
| はさみ（切るところ） | 鉄 | ○ | ○ |
| 金色の折り紙 | アルミニウム | ○ | ×→○ |
| 銀色の折り紙 | アルミニウム | ○ | ○ |
| クリップ | 鉄 | ○ | ○ |
| クリップ | プラスチック | × | × |
| 空き缶 | 鉄 | ○ | ×→○ |
| 空き缶 | アルミニウム | ○ | ×→○ |

まずは、材質に注目させて、実験させる。

　金色の折り紙、銀色の折り紙で実験すると児童の考えが深まる。銀色の折り紙はつくのに、金色の折り紙はつかない。不思議に思い何度も試しているうちに、明かりがつく児童が出てくる。表面の塗装が取れてアルミニウムの部分が出てくるからである。そこで、児童になぜついたのかを考えさせ、塗装について説明する。

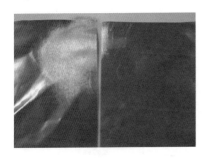 

　塗装に目を向けさせるために、空き缶を用意する。飲み口のところで手を切らないように指導してから、班に１つずつ配る。空き缶の外側はいくらやっても明かりがつかない。そこで、金色の折り紙のことを想起させ、紙やすり等で塗装をはがす。はがしたところで実験をすると明かりがつくことを確認する。

　さらに、塗装してあるはさみを準備しておき、班に１つずつ配る。「先生の配ってくれたはさみの切るところは、明かりがつきません」と児童が気づいたら、全体に声をかける。

> ２つのはさみの違いを、見たり触ったりして見つけよう。

　色はキラキラしているものと、キラキラしていないものがある。触ったらツルツルしているものとザラザラしているものがある。きっと、キラキラしていないのは塗装してあるのだろう。

　材質と塗装に目を向けさせて明かりがつくもの（電気を通すもの）、明かりがつかないもの（電気を通さないもの）の規則に気づかせる。

　まとめとして、鉄や銅、アルミニウムなどは電気を通し、プラスチック、木、紙などは電気を通さない。鉄や銅、アルミニウムは金属であることを確認する。

（髙木順一）

# 4年 「乾電池の数とつなぎ方」

## 電気の性質やはたらきについて調べよう→ 「電気

### (1)乾電池を2個にすると電気のはたらきは変化するか（豆電球）

P.28～30に授業細案

**第1・2時** 乾電池2個のつなぎ方を考えて、豆電球の明るさを調べる。

①豆電球1個、乾電池1個で、明かりをつけよう。（1個分の明るさ）
　豆電球1個、乾電池2個で、明かりをつけよう。（2個分の明るさ→直列つなぎ）
②乾電池2個を使って、1個分の明るさになるつなぎ方を工夫しよう。（並列つなぎ）

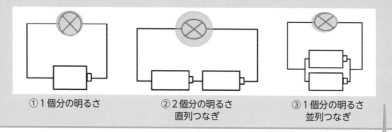

　　①1個分の明るさ　　　②2個分の明るさ　　　③1個分の明るさ
　　　　　　　　　　　　　　直列つなぎ　　　　　　並列つなぎ

### (2)乾電池の向きを変えると電気のはたらきは変化するか

**第3・4時** 乾電池1個でモーターの回り方を調べる。

③乾電池1個でモーターを回そう。（1個分の速さ）
　人によってプロペラの向きが違うのはどうしてか？
④検流計を使い、モーターの回り方と電流の向きを調べよう。

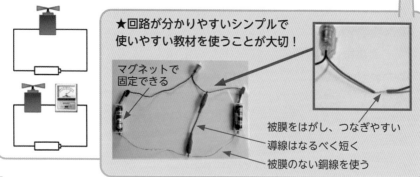

★回路が分かりやすいシンプルで
使いやすい教材を使うことが大切！

マグネットで
固定できる

被膜をはがし、つなぎやすい
導線はなるべく短く
被膜のない銅線を使う

# 乾電池のつなぎ方を探ろう！

## ～8時間～

## のはたらきは、どんな時に変化するのか？」

---

### (3)乾電池を2個にすると電気のはたらきや電流の強さは変化するか

**第5〜7時** 乾電池2個のつなぎ方を考えて、モーターが回る速さを調べる。

⑤⑥モーターを速く回すにはどうすればよいか。

乾電池2個を使い、いろいろなつなぎ方を考えよう。

【直列つなぎ（2個分の速さ）並列つなぎ（1個分の速さ）】

⑦検流計を使い、乾電池のつなぎ方と電流の強さを調べよう。

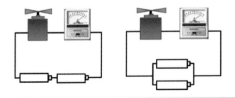

---

### (4)電気のはたらきは、生活にどう生かされているかを考える

**第8時** 直列と並列の違いやよさを考える。P.30・31に授業細案

⑧直列つなぎか並列つなぎか調べよう。

これは、直列かな？　並列かな？

エアポンプ→  リモコン→

は、さらに授業の進め方を示したところ

# 乾電池2個のつなぎ方

 ○豆電球を使って直列や並列つなぎを考え、実験させる。
○既習の内容や生活経験を基に、根拠のある予想や仮説を発想し表現させる。

## 1　豆電球1個、乾電池1個で明かりをつける〜1個分の明るさ〜
（第1時 前半）

　この単元は、主にモーターを使っての活動であるが、最初からモーターを使うと児童が集中して考えられないことが多い。そのためまず、3年生で使い慣れている豆電球を使い、つなぎ方の実験を行うこととする。

> 豆電球1個、乾電池1個で明かりをつけましょう。

　ソケットと電池ボックスを使って豆電球1個、乾電池1個をつなぎ、明かりをつける。これは、3年生の時の復習の実験である。ここでは、以下の発問で、電気の流れについて考える活動を行う。

> AとBでは、どちらが明るいでしょうか。（実物の回路も見せる）

　ノートに予想とその理由を書かせ、班で話し合いを行う。
この後、全体で意見交換をする。
【予想される児童の反応】
・Aが明るくなる。なぜなら、電池から出た電気が水のように、下に向かって豆電球に集まってくるから。

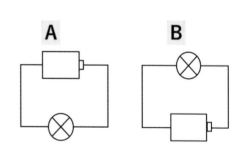

・つなぎ方が同じだから、明るさも同じ。
　話合いの後、教師が演示実験でやってみせる。ポイントは、豆電球は固定し

動かさない。乾電池だけを上にしたり下にしたり動かすようにすると、「明るさは、ＡもＢも変わらないこと」がよく分かるとともに効果的である。

## 2 豆電球１個、乾電池２個で明かりをつける～２個分の明るさ～ （第１時 後半）

４年生の学習に入る。以下の指示で、乾電池を２個使った実験を行う。

> 乾電池２個で、１個分よりも明るくなるつなぎ方を見つけよう。

【実験した児童の反応】

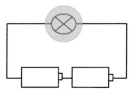

・－極と－極をつなぐと明かりがつかない。

・＋極と＋極をつなぐと明かりがつかない。

・－極と＋極をつなぐと１つ分よりも明るくなる。

明るくなるつなぎ方を見つけたところで、以下のように説明する。

> －極と別の乾電池の＋極をつなぐつなぎ方を「直列つなぎ」といいます。

また、乾電池の回路を「１個分の明るさ」、「直列つなぎ」の回路を「２個分の明るさ」ということにすると話し合いがやりやすくなる。

## 3 乾電池２個を使って、１個分の明るさになるつなぎ方を工夫する （第２時） 主体的

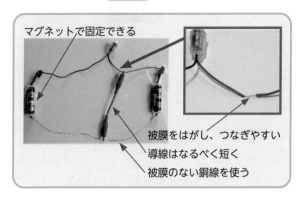

マグネットで固定できる

被膜をはがし、つなぎやすい

導線はなるべく短く

被膜のない銅線を使う

乾電池２個を使って、「１個分の明るさ」と同じになるつなぎ方を見つける活動をする。

導線がどのようにつながっているかがよく分かる実験セット（左写真）を使うといろいろな回路を考えやすくなる。

乾電池2個を使って、「1個分の明るさ」になるつなぎ方を見つけよう。

　実験して「1個分の明るさ」になるつなぎ方を見つけたら、回路図をノートに描いて持って来させる。教師は、ノートを見て丸を付け、黒板に描かせる。
　図のようなつなぎ方を見つけたところで、以下のように説明する。

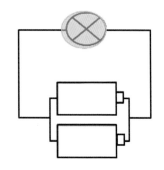

＋極どうしと－極どうしをつなぐつなぎ方を「並列つなぎ」といいます。

## 4　直列と並列の違いやよさを考える（第8時）　主体的・対話的

　以下のように発問し、直列と並列の違いやそれぞれのよさを考えさせる。

①、②のリモコンは、何つなぎですか。

①　　②

【予想させる児童の反応】
・①は、縦だから直列つなぎだ。
・②は、横だから並列つなぎかな。
・どっちもリモコンなのに、つなぎ方が
　違うのかな。

　①は、縦につながっているので、「直列つなぎ」とすぐに分かる。次の②は、横に並んでいるので、「並列つなぎ」と勘違いしやすい。（両方とも直列）

つなぎ方の条件は何ですか。

　直列つなぎは、「－極と別の乾電池の＋極をつなぐつなぎ方」。並列つなぎは、「＋極どうしと－極どうしをつなぐつなぎ方」を確認した後、再び問う。

> ①、②のリモコンは、何つなぎですか。

①、②ともに直列つなぎであることが分かる。

③は、エアポンプで並列つなぎであることから、並列つなぎのよさを考えさせる。

> 並列つなぎは、どんなところがよいのだろう。

並列つなぎにすると、モーターの強さは変わらないが、直列つなぎのときより長く使うことができることに気づかせる。

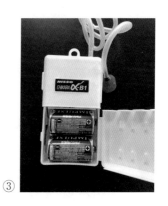

③

**+α コーナー**

● マンガン乾電池を使おう

乾電池には、マンガン乾電池とアルカリ乾電池がある。アルカリ乾電池は、大きな電流を必要とする器具に適している。比較的安価なマンガン乾電池は、時計など小さな電流ですむ器具に適している。数百回繰り返し使える充電池は経済的である。ただし、＋極と－極を直接つなぐショート回路を作ってしまうと、充電池では大電流が流れ、導線がとても熱くなり危険である。

● 導線は、短い方がよい

回路を考えるときは、導線が長いと絡んだり、回路が複雑になったりして、分かりにくくなる。直列や並列などの回路を考えやすくするためには、短い方がよい。

● 豆電球は、規格をそろえる

電圧が小さい1.5V の豆電球は、乾電池 1 個でも明るくつくので、3年生の「電気の通り道」を調べる学習に最適である。2.5Vなら、乾電池 1 ～ 3 個が最適で4年生の「電気のはたらき」に向いている。どちらにせよ、規格をそろえることが大切である。

(関澤陽子)

# 6年 「電気と私たちの生活」

## 電気の利用について調べよう→ 「電気は、どのよ

### (1)電気をつくる　(2)電気の利用

**第1〜4時** 電気をつくり、コンデンサーにため、変換する。

①②手回し発電機や光電池で電気をつく
り、光や音、運動に変換させる。
③④発電した電気をコンデンサーにため、
その電気を光や音、運動に変換させる。

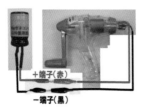

＋端子(赤)
ー端子(黒)

蓄電したコンデンサーで
豆電球をつけることができる。

### (3)電気の有効利用

P.34〜37 に授業細案

**第5〜7時** プログラムにより、電気を効率的に使える方法
を調べる。

⑤⑥身の回りの電気の利用の仕方を調べ、工夫の仕方を考える。
⑦人が近づくとつく明かりなどから、その仕組みをフローチャートで表す。

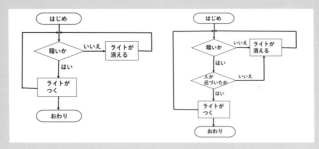

# 電気をじょうずに使おう！
## ～12時間～

## うに利用されているのか？」

### (4)電気を利用したものを作ろう

**第8～12時** プログラムを使いLEDの点灯・消灯を制御する体験をする。

⑧⑨ソフトを使って発光ダイオードが点灯・消灯を制御するプログラムを作る。
⑩⑪人が近づくと明かりがつき、しばらくすると消えるプログラムを作り、明かりをつけたり消したりする。
⑫どれだけ電気を効率的に使うことができたか、計測する。

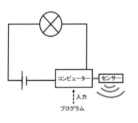

モーター

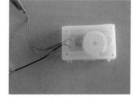

電子オルゴール

## 授業のポイントは、ここ！

★フローチャートの書き方を分かりやすい日常の動作で教える。
例「お風呂の入り方」

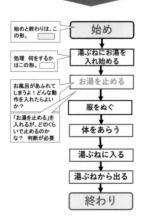

始めと終わりは、この形。

処理 何をするかはこの形。

お風呂があふれてしまうよ！どんな動作を入れたらよいか？

「お湯を止める」を入れるが、どのくらいで止めるのかな？ 判断が必要

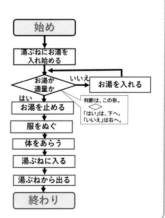

判断は、この形。
「はい」は、下へ。
「いいえ」は右へ。

は、さらに授業の進め方を示したところ

# プログラムを作って、電気を効率よく使う

○プログラムにより、電気を効率的に使える方法を調べる。

## 1 既習内容と電気の利用（第5時）

3年〜6年までの既習内容と電気のはたらきを結び付ける学習を行い、発表後、以下のようにまとめる。

```
3・4・6年   豆電球        電気→光（熱）
  4・6年   電子オルゴール  電気→音
  4・6年   モーター      電気→回転（運動）
```

## 2 生活の中での電気の利用（第5時） 主体的・対話的

家の中の電気製品の図を用いて、電気がどのように利用されているかを書きこませる。

電気製品は、電気を何に変えて利用しているか、説明を書き込みましょう。

個人で図に書きこませた後、グループで話し合ってまとめ、大きな図に書き込む活動をする。

【グループでまとめたもの】

①ＣＤデッキ→音、回転

②テレビ→音、光

③スタンド→光、（熱）

④こたつ→熱、（光）

⑤電子レンジ、炊飯器→熱

⑥掃除機→回転

⑦鉛筆削り→回転

⑧コンロ、ホットプレート→熱

## 3　センサーを使った電気製品について考える（第6時）　主体的・対話的

　学校の近くにある街灯の写真を示し、説明する。

「道路にある街灯は、明るさを感じるセンサーという部品があり、暗くなると自動的につきます」。さらに、以下のように指示する。

> **センサーの付いた電気製品を身の回りからたくさん見つけましょう。**

【予想される児童の考え】

①暗くなるとつく明かり。

②入ると明かりがつくトイレ。

③近づくとふたが開く便座。

④暑いとよく冷えるエアコン。

⑤ぶつかりそうになるとブレーキがかかる車。

> **夜に人が近づくとつくセンサーライトがあります。これには「暗くなるとつく」以外に、どんなセンサーが組み込まれているでしょうか。**

　個人で考えをノートに書かせた後、グループで明かりに組み込まれたセンサーの種類を話し合わせる。

【予想される児童の考え】

① 「暗くなるとつき、明るくなると消えるセンサー」が付いている。

② 「人が近づくとつき、離れると消えるセンサー」も付いている。

③ 「人が近づくとつくが、明るくなると消える仕組み」になっている。

## 4　フローチャートの書き方を教える（第7時）

　フローチャートとは、手順を図で表したものである。例えば、「お風呂に入る」という動作を使い、フローチャートの書き方を教える。

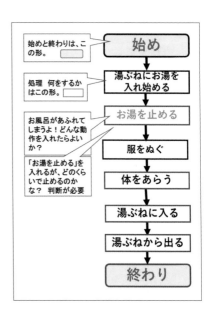

> お風呂に入るときにすることは何か。

　記号の意味も教えながら、以下のように教える。

① 始めと終わりの記号。

② 何をするか（処理）の記号。

③ 発問「空欄の動作がないとお風呂のお湯があふれてしまう。何を入れればよいか」

　（答え「お湯を止める」）

④ 発問「どういうときに、お湯を止めるか」

⑤ 分岐の記号を追加する。

⑥ 「はい」は下へ、「いいえ」は右への矢印になる。

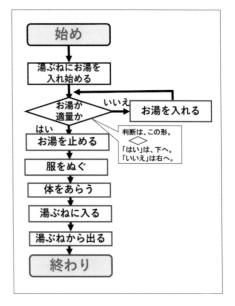

## 5　フローチャートを使って考える（第7時）

　センサーのしくみをフローチャートで表す活動をする。

　例えば「暗くなるとつく明かり」の仕組みは、図1のように書くことができる。
「夜、人が近づくとつく明かり」は、図2のように表すことができる。

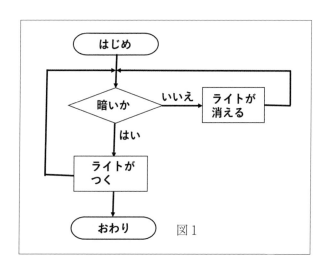

図1

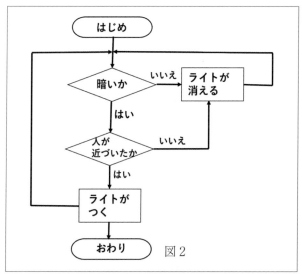

図2

【参考文献】リンダ・リウカス作／鳥井雪訳『ルビィのぼうけん』翔泳社

(関澤陽子)

# 6年 「てこのはたらき」

## 重いものを楽に持ち上げられるてこのはたらきを

### (1)てこのはたらきで、どんな時に軽く持ち上げられるか調べよう

**第1・2時** 土のうを軽く持ち上げられるのはどういうときか。

① 長い棒と支点を使って重たい土のうを持ち上げてみよう。

② 持ち上げる場所を作用点、力を入れる場所を力点として、土のうを軽く持ち上げるときのきまりを見つけよう。

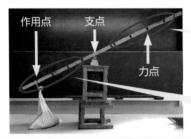

作用点　支点　力点

力点は支点に遠い方が軽く持ち上げられるかな？

作用点は支点に近い方が軽く持ち上げられるかな？

### (2)てこがつりあうときのきまりを調べよう

P.40～43に授業細案

**第3・4時** 実験用てこで、つりあうときのきまりを見つけよう。

③実験用てこを使ってつりあう場合を見つけよう。

④つり合うときのきまりを見つけよう。

つりあいのきまりを使った問題にチャレンジしよう。

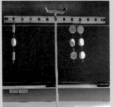

つりあう場所を見つける。　きまりを見つける。　発展問題にチャレンジ。

# てこの法則を使いこなす
## ～6時間～

## 調べよう

### (3)身近な場所にあるてこについて調べよう

**第5時** 身近な場所にあるてこのはたらきについて考えよう。

⑤身近なてこの使われ方としての3つの形（釘抜きの形、栓抜きの形、ピンセットの形）を知り、様々なてこを使った身近なものを分類する。

| 釘抜き型 | 栓抜き型 | ピンセット型 |
|---|---|---|

作用点・支点・力点の順番に並ぶ　　支点・作用点・力点の順番に並ぶ　　作用点より力点の方が支点に近い。

（てこが使われている道具）
はさみ　洗濯ばさみ　空き缶つぶし器
ホッチキス　パンばさみ　ペーパーパンチ

**第6時** てこのはたらきの発展課題。

⑥はさみで硬い紙を切るとき、先で切った方と根元近くで切った方の、どちらの方が軽い力で切ることができるか？
　ハンドル付きの蛇口の方が軽い力で開けられる理由を説明しよう。

# 自分たちで実験用てこのつりあいを見つけよう

👍 ○3つのおもりでつりあう場面を自由に見つけさせる中で、てこの規則性を見つけられるようにする。

## 1 重いものを持ち上げるてこと実験用てこをつなげる（第3時 導入）

重いものを持ち上げるてこ

分かりやすくしたのが ▶

実験用てこ

てこを持ち上げている状態

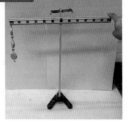

どこを押さえれば軽く上がるかな

重いものを持ち上げることができる「てこ」と、つりあいを見つける「実験用てこ」。子どもに単元のつながりを意識させるために、2つの似ているところをはじめにつかませておく必要がある。

1の写真のように実験用てこの左の腕の6番におもりを3個かける。

次の発問をする。

> 右側の腕を指で押さえておもりを持ち上げます。何番のところを押さえたら、おもりが持ち上がりやすいですか。

6のところを押さえたときが一番軽く持ち上がる。力点が支点から遠い方が軽く持ち上がることを確認する。

> 右の腕の6のところにおもりをかけて、ぴったりつりあわせます。

3個でつりあう。

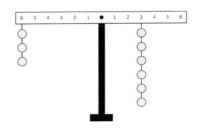

> 右の腕の3におもりをかけてつりあわせ
> たとき、3個よりも多いと思いますか？

　右図のように6個でつりあう。この2
つの発問で「つりあう状態」と、「左右で
違う場所にかけてもつりあうときがある
こと」を子どもにつかませる。

## 2　実験用てこで法則を見つける
### （第3時 前半）　主体的・対話的

（準備物）実験用てこ　おもり10個
（手順）①右の表をノートに書く。
　　　　②発問をする。

> 右と左で1ヶ所ずつ違う番号の所につる
> して、つりあわせます。つりあう時を見
> つけたらノートにメモをします。時間は
> 5分です。

③見つけた班には黒板の表にも書きにこさ
　せる。同じものは書かせない。右のよう
　な表が黒板にできる。
④いくつか出てきたら、作業をやめさせて
　次の発問をする。

> どういうときにつりあうと言えますか？
> 班で相談しなさい。

ノートにメモ

| 左のうで | | 右のうで | |
|---|---|---|---|
| 重さ | 支点からの<br>きょり | 重さ | 支点からの<br>きょり |
| 30g | 6 | 60g | 3 |
| | | | |
| | | | |

黒板に書かせ
全体で考える

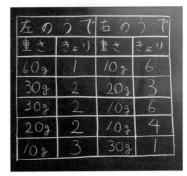

「おもりの重さ」×「支点からのきょり」が左右で等しければつりあうことを
確認し、以下のつりあうときの式をノートにまとめる。

> おもりの重さ×支点からのきょり＝おもりの重さ×支点からのきょり

## 3 片側2ヶ所におもりをかけたときの法則 （第3時 後半）

　片側2ヶ所以上かけた場合も法則が成り立つ。そのことに気づかせる活動。

（準備物）　実験用てこ　おもり3個

　以下の発問をする。

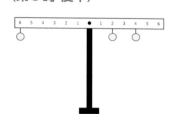

> おもりを3個だけにして、他のおもりは片付けます。これだけで左右がつりあう場合をできるだけたくさん見つけなさい。片側の腕の2ヶ所につるしてもかまいません。見つけたらノートにメモをします。

　結果は右上のような絵でノートにメモさせ、見つけたら黒板にも書きにこさせる。つりあう場合は以下の表の通り。左右違いもあるので20通りある。

| 左のうで | | | | | | 支点 | 右のうで | | | | | |
|---|---|---|---|---|---|---|---|---|---|---|---|---|
| 6 | 5 | 4 | 3 | 2 | 1 | 支点 | 1 | 2 | 3 | 4 | 5 | 6 |
|  |  |  |  |  | 2 |  |  | 1 |  |  |  |  |
|  |  |  |  | 2 |  |  |  |  |  | 1 |  |  |
|  |  |  | 1 |  |  |  | 1 | 1 |  |  |  |  |
|  |  |  | 2 |  |  |  |  |  |  |  |  | 1 |
|  |  | 1 |  |  |  |  |  | 2 |  |  |  |  |
|  |  | 1 |  |  |  |  | 1 |  | 1 |  |  |  |
|  | 1 |  |  |  |  |  |  | 1 | 1 |  |  |  |
|  | 1 |  |  |  |  |  | 1 |  |  | 1 |  |  |
| 1 |  |  |  |  |  |  |  | 1 |  | 1 |  |  |
| 1 |  |  |  |  |  |  | 1 |  |  |  | 1 |  |

**つりあい一覧**
1と書いているところはおもりが1個、2のところは2個。左右違いの場合もある。「もう終わりですか？」と時々子どもたちをあおりながら、10程度は出させたい。

　10通り程度黒板に並んだところでやめさせて、以下の発問をする。

> どういうときにつりあうと言えますか？　班で話し合いなさい。

「おもりの重さ」×「支点からのきょり」を足したものが、左右の腕で同じになったらつりあう。確認後、おもりをたくさん渡し、この法則が成り立つのか試させる。

## 5　重いものを持ち上げるてこに、法則を当てはめる問題を出す（第4時 前半）

①右の図のとき、何kgの力で棒を押せ
　ば10kgの石は持ち上がりますか？

答え　5kgの力で押す。

②もっと軽い力で持ち上げるためには
　どうしたらいいですか？　できるだ
　けたくさん方法を考えなさい。

答え（例）もっと右の先の方を押す。
　　　　　　石の場所を支点に近づける。
　　　　　　支点をおもりに近づける。

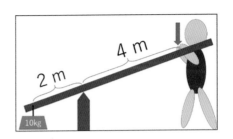

③右の図のように支点を石に近づけて
　みました。何kgの力で持ち上げるこ
　とができますか？

答え　2kgの力

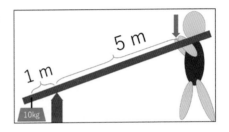

## 6　てこの法則を使った発展問題にチャレンジする（第4時 後半）

**主体的・対話的**

　右の写真のように、糸でぶら下げてつりあった状態の針金を
用意する。片方を曲げると、傾きがどうなるかを考える問題。
傾きは次のうちのどれになるか。

①変わらない　　　②曲げた方に傾く　　　③まっすぐの方に傾く

　支点からのきょりと左右の針金のおもさを「重さ」×「支点からのきょり」
の式に当てはめて考える。答えは③。重さは変わらないのに、支点からのきょ
りが短くなるため、曲げた方の値が小さくなる。

　右のQRコードから実験の様子を見ることができる。
この動画を見せて授業をすることもできる。　　　　　（蔭西　孝）

# 4年 「空気と水の性質」

## 空気や水の性質について調べよう→ 「とじこめた

### (1)空気をおしちぢめるにはどうすればよいか調べよう
P.46・47に授業細案

**第1・2時** いろいろなものを使って空気はおしちぢめられるか調べよう。

①ポリ袋を使っておしちぢめることができるか調べよう。
②自分たちで考えたものを使って、空気はおしちぢめることができるかを調べ
よう。→自由試行

 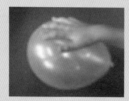 

ポリ袋を使って空気をおしちぢめることができるか実験する。

自分たちで考えたものを使って空気をおしちぢめることができるか実験する。その中で、形が変わるやわらかいものでは実験できないことに気づかせる。

### (2)とじこめた空気の性質について調べよう

**第3・4時** 空気はおしちぢめることができるか実験しよう。

③注射器を使って空気はおしちぢめられるか実験しよう。
④空気鉄砲を遠くまで飛ばすにはどうすればよいか考えよう。

 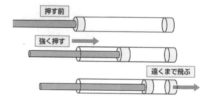

押す前
強く押す
遠くまで飛ぶ

注射器を使って、空気はおしちぢめることができるか実験して確かめる。

空気鉄砲の玉を遠くまで飛ばすには、強く押すことが必要であることに気づかせる。
空気をおしちぢめる実験と比較することで、おしちぢめられた空気の力の違いに着目することができる。

# 空気をおしちぢめるにはどんなものが必要か？

## ～7時間～

## 空気や水はおしちぢめることができるか？」

### (3)とじこめた水の性質について調べよう

**第5・6時** 水はおしちぢめることができるか実験しよう。

⑤注射器を使って、水はおしちぢめることができるか実験しよう。
⑥空気と水の両方入った注射器はどうなるか考えよう。

注射器を使って、水はおしちぢめることができるか実験して確かめる。

発展問題として、注射器の中に水と空気の両方を入れるとどうなるか予想してから、実験して確かめる。

### (4)空気や水の性質が日常生活でどのように役立っているか考えよう

**第7時** 空気や水の性質が日常生活でどのように役立っているか考えよう。

⑦日常生活で使われているものについて予想する。その後で、日常生活で実際に使われているものについて紹介する。

### 授業のポイントは、ここ！

空気をとじこめるものを持って来させて調べることで、「形が変わるやわらかいもの」では調べることができないことに気づかせる。そこから、調べるためにどんなものが必要かについて考えさせたい。

　　　　は、さらに授業の進め方を示したところ

# 空気をおしちぢめるには
# どうすればよいか

○空気はおしちぢめられるかいろいろなものを使って実験させる。
○自由試行させる中で、調べるための条件に気づかせる。

　単元の導入で、空気をおしちぢめるためにどんなものを使えばよいか、自由試行を通して子どもたちに考えさせたい。自由試行とは、子どもたちが自由に教材を使いながら、自然の事物事象に気づく活動である。自由試行により、内部情報が蓄積され、その後の追究活動が活性化する。

　自由試行を通して、なぜ注射器を使って実験していくのかに気づかせたい。

## 1　空気をおしちぢめるにはどんなものが必要か考えよう（第1時）

> 空気をおしちぢめることはできますか。

　子どもたちの意見を聞いた後で

> 空気をとじこめて、おしちぢめるためにどんなものが必要ですか。

　5分ほど時間をとってノートに書かせる。班で相談させてもよい。
【予想される児童の意見】
・袋　　・風船　　・注射器　　・ペットボトル　　・びん　　・浮き輪
・ビーチボール　　・タイヤ　　など

### 主体的・対話的

> ポリ袋で空気をおしちぢめることができるか試してごらんなさい。

　班ごとにポリ袋を渡して自由試行させる。
　理科室にあるもので必要なものがあれば使ってもよいことにした。
　自由に試させた後、

> 空気をおしちぢめることはできますか。

と聞くと、子どもたちは「分からない」という反応になるだろう。

　この自由試行で、ポリ袋という「やわらかいもの」では実験できないことに気づかせたい。次の指示を出して授業を終える。

> 空気をおしちぢめるために必要なものを家から持ってきなさい。

## 2　空気はおしちぢめることはできるか（第2時）

**主体的・対話的**

> 空気をおしちぢめることはできるか、持って来たものを使って実験してごらんなさい。

　最初に持って来たものを確認する。全員が持って来られるわけではないので、自分がやってみたい実験のところに行って自由試行させる。

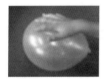

　十分に時間をとった後、子どもたちに実験結果を発表させる。その中で、

> （浮き輪などでは）おしたときに、別の部分が膨らんだりするから、空気をおしちぢめることができたのかよく分からないよね。

ということを確認する。

**深い学び**

> 実験するためには、どんなものを使えばいいですか。

【予想される児童の反応】
・硬い筒のようなものがあればいい。
・注射器があればいい。

（家根内興一）

# 5年 「ものの溶け方」

## 「溶ける」とはどういうことなのか？ → 「量的関係

### (1)「溶ける」の定義を考える

**第1～3時** 様々なものを水に入れ、溶ける・溶けないを判断できるようになる。

①水の中に食塩を入れ、溶ける様子を観察しよう。
　1粒の食塩が溶ける様子を観察した後、シュリーレン現象を観察。

②水の中にコーヒーシュガー、デンプンを入れ、
　溶ける様子をそれぞれ観察しよう。

※食塩、コーヒーシュガーは水に溶けている。
　デンプンは水に溶けていないと説明。

もやもやして見えるのが
シュリーレン現象

★ポイント★ 「溶ける」とは、粒が目に見えないくらい小さくなって全体に広がり、液が透き通っている状態になること。

③水の中に砂糖、小麦粉、ミョウバン、食紅をそれぞれ入れ、水に溶けているかどうか判断しよう。

### (2)ものが水に溶ける現象を定量的に考える

P.50～53に
授業細案

**第4～6時** ものが水に溶けると重さは変わるのか、溶ける量に限度はあるのか調べる。

④食塩を使って、ものを水に溶かす前後で重さが変わるか調べよう。
　※電子てんびん、メスシリンダーを使えるようになろう。

⑤⑥食塩、ミョウバンを使って、ものが水に溶ける量に限度があるのか調べよう。

★ポイント★ 緑色の食紅で色をつけた水で測定すると、上下二層になっている水面が判別しやすくなり、練習によい。

# もの溶け方を探ろう！

## ～13時間～

## を考えて、一度水に溶けたものを取り出してみよう」

---

### (3)条件を変えると、ものが水に溶ける量がどのように 変化するか考える

**第7～10時** 水の量、水の温度、溶かすものを変えると、ものが 水に溶ける量が変わることを調べる

⑦⑧食塩、ミョウバンを使って、ものが水に溶ける量は水の量によって変わる か調べよう。

⑨⑩食塩、ミョウバンを使って、ものが水に溶ける量は水の温度によって変わ るか調べよう。

★ポイント★ 表やグラフを使って結果を表す。

---

### (4)水に溶けたものを取り出す

**第11～13時** 条件による水への溶け方の違いを利用して、水に 溶けたものを取り出す限度はあるのか調べる。

⑪食塩、ミョウバンが限界まで溶けた水溶液を、温度を下げることでそれぞれ を取り出せるか調べよう。

　※ろ過ができるようになろう。

⑫食塩が限度まで溶けた水溶液から水を蒸発させて食塩を取り出せるか調べよ う。

⑬いろいろな結晶を見よう。

　　　　　　　　　　　　は、さらに授業の進め方を示したところ

# 08 | 5年「ものの溶け方」

# ものが水に溶けると重さは変わるのか

 ○電子てんびん、メスシリンダー等の実験器具を正しく使う。
○条件を制御してものを溶かすことを知る。

## 1 ものを水に溶かす前後で重さが変わるか調べよう（第4時）

**主体的・対話的**

> 溶かす前の食塩と水の重さの合計と、食塩を水に溶かした後の重さを比べると、食塩を水に溶かした後の方が軽くなるか。

　①重くなる　②軽くなる　③変わらない

　ノートに予想とその理由を書かせ、班で話し合いを行う。その後全体で意見交換をする。多くの場合、②と答える児童が①、③と答える児童より多い。

【予想される児童の反応】

①重くなる。食塩が水に溶けると食塩の粒が見えなくなるくらい小さくなったので、その分全体に重さが広がったから。

②軽くなる。食塩が水に溶けると見えなくなるので重さもなくなるから。

③変わらない。食塩は水に溶けると見えなくなっただけで消えていないので、重さも消えないから。

　話し合いの後、電子てんびんの使い方を指導し、正確に重さをはかれるようにする。その後、実験方法を説明してから各班で確認する。

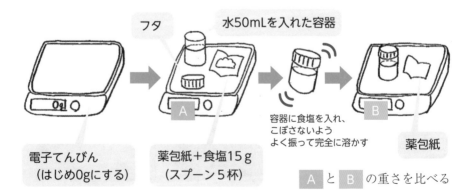

フタ　　水50mLを入れた容器

電子てんびん　　薬包紙＋食塩15g　　容器に食塩を入れ、　　薬包紙
（はじめ0gにする）　（スプーン5杯）　こぼさないよう
　　　　　　　　　　　　　　　　　　よく振って完全に溶かす

A と B の重さを比べる

全ての班の実験が終わった後，結果を共有する。 A = B とならなかった班については，「水や食塩がこぼれた」などの原因を考えさせる。

〈電子てんびんの使い方を指導する〉
　電子てんびんを使う際には、運ぶときなどに皿を押さえないように気をつける。また、はかれる最大重量を事前に確認しておき、越えることのないように注意する。

①粉末の重さをはかりたいとき

| 薬包紙をのせる | 目盛りを0にする | 粉末の重さをはかりとる |

※ 0.1g 単位で正確に重さをはかりとりたい場合は、粉末を入れた薬さじを指でちょんと叩きながら少量ずつ入れるとよい。

②液体の重さをはかりたいとき

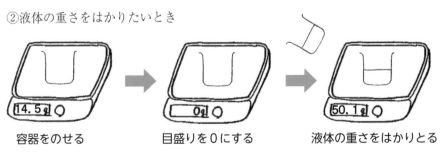

| 容器をのせる | 目盛りを0にする | 液体の重さをはかりとる |

## 2　ものが水に溶ける量には限度があるか調べよう①（第5・6時）

> 食塩が水に溶ける量に限度はあるだろうか。

①ある　②ない

　我々にとっては当たり前のことだが、限度がないと考えている児童も多いので予想を考えさせる。ノートに予想と理由を書かせた後、班で話し合いを行う。その後全体で意見交換をする。もう一度予想の分布をとった後、実験方法を説明する。

　水を50mL入れたビーカーに食塩をスプーン1杯分（※あらかじめスプーンすり切れ1杯で約3gであることを計って示しておく）入れ、ガラス棒でかき混ぜる。全て溶けたことを確認したら、さらに1杯分追加して再びかき混ぜて溶かす。この作業を溶け残りが出るまで続ける。追加するごとに溶けたかどうかを○、×で記録する。

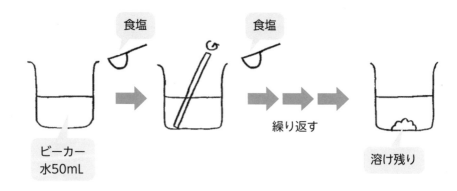

【結果（食塩）】

| スプーン何はい目か | 1 | 2 | 3 | 4 | 5 | 6 |
|---|---|---|---|---|---|---|
| 溶けたかどうか | ○ | ○ | ○ | ○ | ○ | × |

　その後、食塩の実験と同様にミョウバンでも実験を行う。条件制御の点から水量、水温を揃えておくことが大切であると伝える。ただし、ミョウバンは溶ける速さを考慮して、微粒のものを用いた方がよい。ない場合は、乳鉢ですり潰しておくとよい。粒の大きさを揃えておくことも条件制御である。

【結果（ミョウバン）】

| スプーン何はい目か | 1 | 2 | 3 |
|---|---|---|---|
| 溶けたかどうか | ○ | ○ | × |

以上から、

・ものが水に溶ける量には限度がある

・ものが水に溶ける量は種類によって異なる

　ことが分かる。

## 3　ものが水に溶ける量には限度があるか調べよう②（第6時）

> 水50mLにグラニュー糖30gを入れる。全て溶けるだろうか。

①溶ける　②溶けない

　予想を聞く。30gという量に圧倒され、溶けないと予想する児童も多いが、これはすぐに溶ける。教師が前で溶かして見せる。

**深い学び**

> 水50mLに氷砂糖30gを入れる。全て溶けるだろうか。

①溶ける　②溶けない

　予想を聞く。①よりも②と答える児童が多いと考えられる。

【予想される児童の反応】

①溶ける。さっき30gのグラニュー糖が一瞬で全て溶けたから。

②溶けない。塊だから同じ30gでも溶けにくいから。

　話し合いの後、教師が演示でやってみせる。先ほどのようにすぐには溶けないが、かき混ぜるうちに氷砂糖が小さくなっていく様子が観察できる。なかなか溶けきれない場合は、児童にかき混ぜさせるとよい。

　このことから、

・同じものであれば大きさが違っても同じ量を溶かすことができる

・溶かすものの大きさが違うと、溶けるスピードに差が生じる

　ことが分かる。

　料理をするときに氷砂糖ではなく上白糖を用いるのはなぜか。コーヒーに氷砂糖とグラニュー糖のどちらを入れればよいか等を問うことで、学びを日常生活に生かすことができる。

　　　　　　　　　　　　　　　　　　　　　　　　　　　　（松浪由起）

## 6年 「ものが燃えるとき」

# ものが燃えるしくみについて調べよう

P.56〜59に
授業細案

---

## (1)どんなときにものがよく燃えるのか観察しよう

**第1時** どちらがよく燃えるか調べよう。

①上だけ穴を開けた缶と、下にも穴を開けた缶の中で割りばしを燃やして、
　燃え方の違いを観察しよう。

どんなときに木がよく燃えるのか、上だけ穴を開けた缶と、下にも穴を開けた缶の中で割りばしを燃やして、燃え方の違いを観察する。

缶が冷めた後、中身をトレーの上に出すと、燃え方の違いがよく分かる。

---

## (2)ものを燃やす工夫について調べよう

**第2〜4時** ものが燃え続けるには、何が必要なのか調べよう。

②缶の下の方に穴を開けるとよく燃えるのはどうしてか考えよう。
③4つの実験で燃え続けるのはどれか予想しよう。
④4つの実験でどれが燃え続けるか実験しよう。

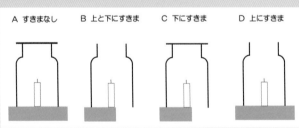

# ものが燃えるしくみとは？
## ～8時間～

---

## (3)ものを燃やすには空気中の何が必要か調べよう

**第5・6時** ものを燃やすはたらきがある気体はどれか調べよう。

⑤窒素、酸素、二酸化炭素のうち、どの気体にものを燃やすはたらきがあるか予想しよう。

⑥窒素、酸素、二酸化炭素のうち、ものを燃やすはたらきがある気体はどれか調べよう。

空気中での燃え方をもとにして、窒素、酸素、二酸化炭素での燃え方を確かめる。

---

## (4)ものが燃えるときの空気の変化について調べよう

**第7・8時** ものが燃える前と後の空気の変化について調べよう。

⑦気体検知管の使い方について知ろう。

⑧ものが燃える前と後の空気の変化について調べよう。

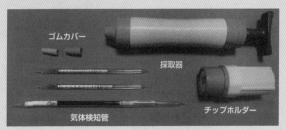

ゴムカバー

採取器

気体検知管

チップホルダー

気体検知管の使い方を説明した後、班ごとに練習させる。
使い終わった気体検知管を捨てずに置いておくとよい。

は、さらに授業の進め方を示したところ

# ものが燃える工夫について調べよう

○ものが燃えるには空気の出入りが必要なことに気づかせる。
○ものが燃え続けるには空気が入れかわって新しい空気にふれる
　必要があることに気づかせる。
○酸素には、ものを燃やすはたらきがあることに気づかせる。

## 1　どれがよく燃えるか調べよう（第1時）

　最初の実験では、2つの空き缶を用意する。

　1つは上だけ穴を開けた缶、もう1つは下にも穴を開けた缶に割りばしを入れて燃やす。

　缶の底に、倒れないように石を2、3個入れておく。また、丸めた新聞紙の上に割りばしを入れると火がつきやすい。

**主体的・対話的**

> どちらの缶の割りばしがよく燃えると思いますか。

　予想をノートに書かせる。

　班で相談させた後、全体で話し合う。

【予想される児童の反応】

・下に穴がある方が、空気がたくさん入るからよく燃える。

・どちらも空気が入ってくるので、燃え方は同じである。

　机の上を片付けて実験を行う。

　缶が冷めた後、中に入っていたものをトレーの上に出すと、どちらがどれだけ燃えたのかがよく分かる。

## 2 ものが燃え続けるためには何が必要なのか調べよう（第3・4時）

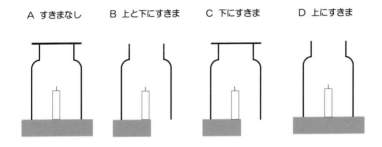

A すきまなし　　B 上と下にすきま　　C 下にすきま　　D 上にすきま

> AからDの実験で、燃え続けるのはどれですか。

　予想をノートに書かせる。

【予想される児童の反応】

・Aは、すきまがないから空気が入らないので火が消えると思う。

・Bは、上と下の両方にすきまがあるから燃え続けると思う。

・Cは、下にすきまがあるから、空気が入るので燃え続けると思う。

・Dは、上にすきまがあるから、空気が入るので燃え続けると思う。

　線香を集気びんの口や粘土のすきまに近づけて、煙の動き方を見る。

　煙の動き方で、空気の流れがよく分かる。

　燃え続けるのは、BとDである。

　Cは、近づけても煙が吸い込まれない。

　一番よく燃えるのが、Bである。空気が下の穴から入って、上の穴から出ていく。

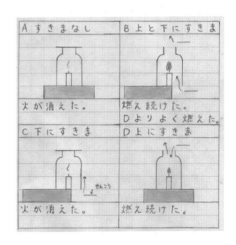

　ものが燃え続けるには、空気が入れかわって、新しい空気にふれることが必要である。

## 3　ものを燃やすはたらきがある気体はどれか調べよう（第5・6時）

空気の成分ついて教えた後、次のように問う。

**主体的・対話的**

> 窒素、酸素、二酸化炭素のうち、ものを燃やすはたらきがある気体はどれだと思いますか。

予想をノートに書かせる。

【予想される児童の反応】

・窒素が一番多いから、燃えるのに関係していると思う。

・ものを燃やした時に酸素が減っていたので、酸素だと思う。

・二酸化炭素は燃えた後に出てくるから、燃やすはたらきはないと思う。

実験準備をした後、子どもたちの前で、教師が演示実験として最初に空気中での燃え方を示す。これを基準として、それより激しく燃えるか、そうでないかをノートに記録させる。

○月△日　P.○○

| 問題 | ものを燃やすはたらきがある気体はどれか。 | | | | | | |

| 実験 | | 酸素中 | | 空気中 | ちっ素中 | | 二酸化炭素中 | |
|------|-----|------|------|------|------|------|------|------|
| | | 予想 | 結果 | | 予想 | 結果 | 予想 | 結果 |
| ろうそく | | ◎ | ◎ | ○ | × | × | × | × |
| せんこう | | ◎ | ◎ | ○ | × | × | × | × |

よく燃える　◎
燃える　　　○
すぐ消える　×

| まとめ | 酸素には、ものを燃やすはたらきがある。ちっ素や二酸化炭素には、ものを燃やすはたらきはない。 |

① 燃焼さじ・ふた
② 3種類の気体
③ 集気びん・水そう
④ マッチ・ろうそく・せんこう

時間がかかる実験を行う場合は、最初の１時間でノートに問題と予想、実験図まで書かせる。予想をノートに書かせた場合は発表させ、話し合いを行う。ここまでで１時間である。

　次の１時間で実験を行う。実験をスムーズに行えるように、座席の番号で実験器具の準備を割り当てる。

　　１番の人が燃焼さじとふたを用意する

　　２番の人が３種類の気体を用意する。

　　３番の人が集気びんと水槽を用意する。

　　４番の人がマッチ・ろうそく・線香を用意する。

　実験後、用意した人が出した物を元の場所に片づける。

　このように新学期の最初に決めておくことで、実験の準備・片づけをスムーズに行うことができる。

## 4　気体検知管の使い方について知ろう（第7時）

　ものが燃える前と後の空気の変化を調べるために、気体検知管を使う。

気体検知管の使い方は、説明しただけではできるようにならない。

そこで、班ごとに気体検知管を渡して、使い方の練習をさせる。

そのために、使い終わった気体検知管を捨てずにおいておく。

実際に使用済みの気体検知管を差し込んで、全員に練習させる。

**＋α コーナー**　酸素濃度の測定に検知管の代わりにデジタル式の酸素モニターを使うと便利である。
取り扱いが簡単で児童が使いやすく、酸素濃度の変化のようすも分かる。実験のコストを下げることもできる。

（家根内興一）

# 6年 「水溶液の性質」

## 水溶液の性質やはたらきを調べよう

### (1)水溶液の仲間分けをしよう

**第1・2時** 水溶液の3つの性質について調べ仲間分けしよう。

①水溶液を仲間分けするには、どんな方法があるか考えよう。
②水溶液をリトマス紙を使って3つに仲間分けしよう。

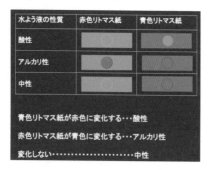

| 水よう液の性質 | 赤色リトマス紙 | 青色リトマス紙 |
|---|---|---|
| 酸性 | | |
| アルカリ性 | | |
| 中性 | | |

青色リトマス紙が赤色に変化する・・・酸性
赤色リトマス紙が青色に変化する・・・アルカリ性
変化しない・・・・・・・・・・・・・・・・中性

リトマス紙はピンセットで取り出すことを
教える。

青色リトマス紙が赤く変化したら酸性
赤色リトマス紙が青色に変化したらアルカリ性
どちらも変化しないときは中性
であることを教える。

### (2)水溶液に溶けているものについて調べよう

**第3・4時** 炭酸水には何が溶けているのか調べよう。

③どうすれば炭酸水に何が溶けていることが分かるか話し合う。
　→蒸発させても何も残らないことを確認する。
④炭酸水から出る気体を集めて、線香や石灰水を使って実験して、
　気体が何であるか確かめよう。

線香や石灰水を使って、
溶けている気体が何かを調べる。

# 名探偵! なぞの水溶液の正体は何だ?!

## ～12時間～

### (3)水溶液と金属について調べよう

**第5～10時** 水溶液に金属を溶かしてみよう。

⑤金属にうすい塩酸を加えたときの変化について調べよう。

⑥うすい塩酸に溶けて見えなくなった金属は、どうなったのか調べよう。

⑦塩酸に金属が溶けた液体から出てきた固体は、元の金属と同じものか調べよう。

⑧金属にうすい塩酸以外の水溶液を加えたときの変化について調べよう。

⑨うすい水酸化ナトリウム水溶液に溶けて見えなくなった金属は、どうなったのか調べよう。

⑩うすい水酸化ナトリウム水溶液に溶けた液体から出てきたものは、元の金属と同じものか調べよう。

### (4)水溶液の正体を見破ろう

P.62～65に授業細案

**第11・12時** 5種類の水溶液の正体を見破ろう。

⑪どのような実験をしたらよいか、実験方法について話し合い、フローチャートにまとめよう。

⑫フローチャートにまとめた実験方法で5種類の水溶液の正体を見破ろう。

A～Eの5本の試験管には
・食塩水　・うすい塩酸
・うすい水酸化ナトリウム
　水溶液
・炭酸水　・石灰水
が入っている。

### 授業のポイントは、ここ!

5種類の水溶液の正体を見破る学習では、これまで学習した水溶液の性質をふまえて、どのような実験をしたらよいかフロチャートの形にまとめさせる。
それが、プログラミング的思考につながる。
フローチャートは、実験結果をまとめるという形で行ってもよい。

　　は、さらに授業の進め方を示したところ

# 10 **6年**「水溶液の性質」

# 実験方法をフローチャートにまとめよう

 ○5種類の水溶液の正体を見破るために、どのような実験をしたら
よいかを、フローチャートにまとめさせる。

## 1　5種類の水溶液の正体を見破るための実験方法を考えよう
（第11時）

実験に使う水溶液は、

・食塩水

・炭酸水

・うすい塩酸（3 mol/L・約10%）

・うすい水酸化ナトリウム水溶液
　　（1 mol/L・約4%）

・石灰水

の5種類を用意する。

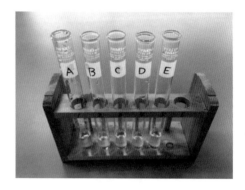

### 主体的・対話的

> AからEの試験管には、5種類の水溶液が入っています。その正体を見破る
> ためにどのような実験をしたらよいでしょうか。実験方法をフローチャート
> にまとめてごらんなさい。

フローチャートにまとめることに慣れているなら、最初は個人で実験方法を
考えさせてもよい。

そうでないなら、班ごとに考えさせてホワイトボードにまとめさせる。

完成したら、フローチャートにまとめた実験方法を発表させる。

みんなでその方法でよいかどうか検討していく。

発表を聞くことで、実験方法にも様々な手順があることが分かる。その中
で、よりよい実験方法を見つけることにもつながる。

実際に行った授業では、いきなり5種類の水溶液を見分ける実験方法を考え
させるのは難しいと考え、以下の流れで行った。

> 水溶液の性質を見分けるために、今までにどんな実験をしてきましたか。

【予想される児童の反応】
・蒸発させる。
・リトマス紙を使う。
・金属を入れる。
・二酸化炭素を吹き込む。

　子どもたちからの意見が出た後で
「蒸発させる」については、うすい水酸化ナトリウム水溶液は蒸発させると危険なので、実験方法には入れないことにした。
「二酸化炭素を吹き込む」については、誤ってうすい塩酸などが目に入ったりすると危険なので、実験方法には入れないことにした。

　５種類の水溶液を見分ける実験方法としては、
・リトマス紙を使う。
・金属を入れる。
の方法を使うことにした。

> ５種類の水溶液のうち、１種類だけ目で見て分かるものがあります。それは、何ですか。

　炭酸水である。

> それはなぜですか。

　あわが出ているから。
　ここから、フローチャートの書き方を指導していく。

最初に実験開始と書きなさい。

下に矢印をしてひし形を書きなさい。その中に「あわが出ている」と書きます。

ひし形の中に書くのは、命令が分かれる場合です。「はい」と「いいえ」の場合に分けて、「はい」の場合は下に矢印をして「炭酸水」と書きます。

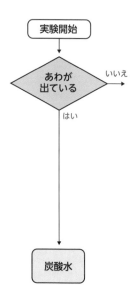

班ごとにこの続きを考えさせた。

その時に、フローチャートでは、以下の命令を使うことをヒントとして与えた。

リトマス紙を使う場合

赤色リトマス紙が青色に変化する　　　青色リトマス紙が赤色に変化する

金属を入れる場合

鉄を入れるととける　　　アルミニウムを入れるととける

フローチャートにまとめるときに、4つのうち必要なものを使えばいいです。

フローチャートを考えるときに、できるだけ少ない手順でできる方がいいことをアドバイスする。

金属を入れる場合は、別の試験管に水溶液をとって実験させる。

以下のようなフローチャートができあがるだろう。

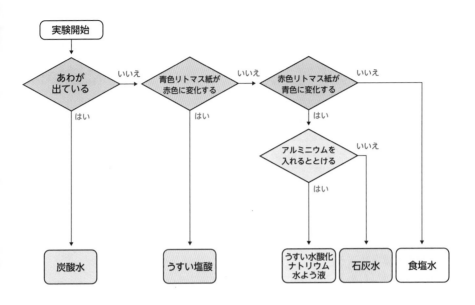

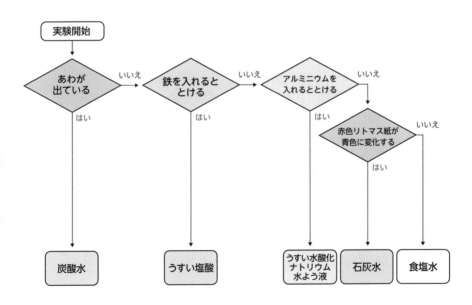

（家根内興一）

## 3年「植物やこん虫の成長と体のつくり」

# こん虫や植物の育ち方やからだのつくりに違いはあ

---

## (1)チョウは、どのように育っていくのか

**第1〜4時** チョウを観察し、スケッチして確認する。

①たまごを観察し、スケッチしよう。
②よう虫になったら観察してスケッチし、
　特徴をまとめよう。
③さなぎになったら観察してスケッチし、
　特徴をまとめよう。
④チョウは、どのように育っていくのかを
　まとめよう。

★スケッチできない児童には、
　トレーシングペーパーを使用させるとよい。

---

## (2)こん虫や植物の体はどのようなつくりになっているのか

P.68〜71に授業細案

**第5〜8時** 色塗りして、からだのつくりを確認し、まとめる。

⑤チョウやアリがどのようなからだのつくりになっているのか観察し、こん虫
　であることを知ろう。
⑥図鑑で調べて、こん虫かこん虫でないかを分類しよう。
⑦以前植えた植物を観察してスケッチし、特徴をまとう。
⑧どのような部分からできているのか色塗りして、つくりを確認しよう。

頭……青
むね……赤
はら……黄

からだは、頭・むね・
はらの3つの部分に
分かれている。
むねからあしが6本
生えている。

根……茶
茎……黄緑
葉……緑

## るのだろうか？

### （3）トンボやバッタの育ち方は、チョウと同じなのか

| 第9～11時 | トンボやバッタの育ち方を調べ、チョウと比べる。 |
| --- | --- |

⑨トンボやバッタのよう虫を飼って観察し、記録しよう。

（飼えない場合は、教科書や図鑑を使って調べる。）

⑩チョウの育ち方と比べ、ちがうところを見つけよう。

⑪他のこん虫の育ち方が、チョウ型かトンボ・バッタ型かを分類し、育ち方の
ちがいをまとめよう。

| チョウ型の育ち方 | たまご→よう虫→さなぎ→せい虫→たまご |
| --- | --- |
| バッタ型の育ち方 | たまご→よう虫→せい虫→たまご |

| チョウ型 | バッタ型 |
| --- | --- |
| アリ<br>カブトムシ<br>クワガタムシ<br>ハチ | カマキリ<br>トンボ<br>コオロギ<br>セミ |

## 授業のポイントは、ここ！

### 1　観察しやすいこん虫を使用し、予想させて観察させる

　チョウははねがあったり、動いてしまったりするとからだのつくりを観察しにくい。そこで、小さいがはねがなくて動いても観察できるアリをふた付きのクリアカップに入れて観察すると分かりやすい。

　また、すぐに観察するのではなく、予想をさせて絵に描かせると、「どうだったかな？」と疑問をもち、観察させたい部分に注目させることができる。

### 2　3色の色塗りで作業をさせて、体感させる

　からだのつくりを説明するのではなく、色塗りさせることで、どこが頭かむねかはらか、植物ならどこが葉か茎か根かに注目させることができる。

　色塗りした後にまとめることで、こん虫の定義もしっかりと身に付けることができる。

　　　　　　　　　　　　　　　　　は、さらに授業の進め方を示したところ

## **3年**「植物やこん虫の成長と体のつくり」

# こん虫の体のつくりを調べる

○知っていそうで知らないことに注目させて考えさせる。
○比較させたり、分類させたりして、ノートにまとめさせる。

## 1 チョウのからだのつくりを確認する（第5時 前半）

> せい虫になったチョウは、からだはいくつに分かれているでしょうか。

　せい虫になったチョウを簡単に観察。
【予想される児童の反応】
・2つ
・3つ

> 教科書のせい虫の絵を、写し紙で写してスケッチします。

【ポイント】
　せい虫の絵を描くのは難しいので、トレーシングペーパーで写させるとよい。
　教科書には、裏からの絵もあるが難しい。出来上がる早さに個人差が出るので、早くできた子からチャレンジさせるとよい。

> スケッチしたものを貼り、からだ○つ、あし○本、しょっかく○本、はね○まいとノートにまとめなさい。

【ノート例】

チョウのからだのつくり

| | |
|---|---|
| からだ | 3つ |
| あし | 6本 |
| しょっかく | 2本 |
| はね | 2まい |

## 2　アリのからだのつくりを確認し、こん虫であることを知る
（第5時 後半） 主体的

チョウを描いたように今度は何も見ないで、アリの絵を描きます。
描けたら持って来ます。

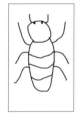 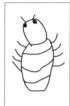 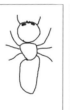 

【ポイント】
　からだがいくつか、
あしは何本かで分類
して、黒板に貼る。

どれが正しいでしょうか。番号を選び、理由も考えなさい。

【予想される児童の反応】
・2番が正しい。からだは3つ
　だったと思うから。
・3番が正しい。からだは3つ
　で、あしは8本ほどあるから。
・4番が正しい。からだは4つ
　に分かれているから。

アリのようにからだが頭・むね・はらの３つに分かれていて、むねからあし
が６本生えているものを、「こん虫」といいます。ノートにまとめます。

アリは、むねにくびれがあり、からだが４つの部分に分かれているように見
えることがある。

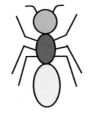

こん虫のからだのつくり

頭……青
むね……赤
はら……黄

からだは３つ
あしはむねから６本
生えている

【ポイント】
　分かりやすいように、
簡単な絵にして、３色
使って色塗りさせる。
あしがむねから６本生
えているか確認する。

主体的・対話的

## 3　こん虫かこん虫ではないかを考えて、分類しよう（第６時）

「ハチ、クモ、ダンゴムシ、カブトムシ、セミ、ムカデ」をこん虫とこん虫
ではないものに分けてノートに書きなさい。

こん虫……ハチ、クモ、カブトムシ、セミ
こん虫ではない……ダンゴムシ、ムカデ

班で話し合って、こん虫とこん虫ではないものに分けます。
こん虫である理由、こん虫ではない理由も言えるようにしなさい。

こん虫　　こん虫ではない

| ハチ | クモ | ダンゴムシ |
| セミ | ムカデ | |

【ポイント】
　班ごとに付箋とホワイドボー
ドか画用紙を配り、付箋１枚に
虫１つ名前を書く。その付箋を
ホワイドボードや画用紙に貼っ
て移動できるようにする。

【予想される児童の反応】
・クモはからだが３つではないから、こん虫ではない。
・ダンゴムシやムカデは、あしが多いからこん虫ではない。
・カブトムシは、からだが２つだからこん虫ではない。

図鑑を使って、こん虫であるか、こん虫ではないかを見つけなさい。

図鑑を使って、班ごとに調べる。

こん虫とこん虫ではないかをノートにまとめます。
図鑑を使って、他のこん虫であるものこん虫ではないものを付け足します。
こん虫ではないものには、理由も書きなさい。

| こん虫 | こん虫ではない |
|---|---|
| ハチ<br>カブトムシ<br>セミ<br>チョウ<br>アリ<br>バッタ<br>トンボ<br>コオロギ<br>テントウムシ | クモ（からだが２つ、あしが８本だから）<br>ダンゴムシ（あしがたくさんあるから）<br>ムカデ（あしがたくさんあるから）<br>ミミズ（あしがないから）<br>ヤスデ（あしがたくさんあるから） |

【ポイント】
　こん虫ではないものには、必ず理由を書くようにする。理由を書くことで、こん虫の定義を押さえることができる。
　早く終わった子には、図鑑で調べてこん虫とこん虫ではないものを付け足させる。

(尾川智子)

# 4年 「人の体のつくりと運動」

## 腕の骨のつくりや動くしくみを調べよう→「体全体

### (1)腕の骨のつくりはどのようになっているのか

**第1・2時** 自分の腕を動かして調べる。

①自分の体に直接触れる活動から、腕や足には曲がる部分と曲がらない部分があることに気づく。

②体の中には骨があることや、曲がる部分は骨と骨のつなぎ目（関節）になっていることを捉える。

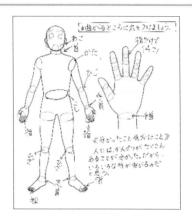

### (2)腕が動くしくみはどうなっているか

P.74～77に授業細案

**第3・4時** からだのつくりを確認し、まとめる。

③体を動かす活動から、筋肉のはたらきについて調べる。

④筋肉モデルを使って筋肉のはたらきを考え、腕や足がどのようなしくみで曲げたり、伸ばしたりすることができるのかを調べる。どのように筋肉をつけるとよいかを話し合って調べる。

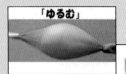
「ゆるむ」

「ちぢむ」

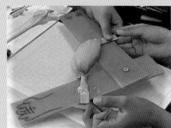

## の骨と筋肉はどのようなしくみか？」

### (3)体全体の骨と筋肉はどのようなしくみか

**第5・6時** 映像や模型などを活用し、全身のつくりと動き方を調べる。

⑤体を動かして観察するとともに、それだけで分からないことは映像や模型などを活用して詳しく調べる。

⑥人の体には骨、筋肉、関節があり、それらのはたらきによって体を動かすことができることを自分の言葉や図を使ってまとめる。

## +α コーナー

### 授業のポイントは、ここ!

**腕モデルの裏側に足のモデルを書いておくと両面使える。**

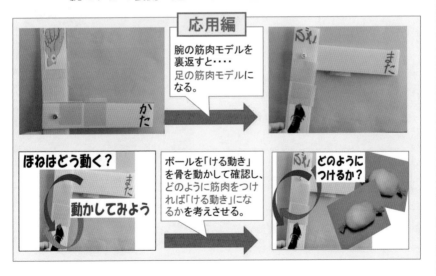

応用編

腕の筋肉モデルを裏返すと‥‥
足の筋肉モデルになる。

ほねはどう動く？　動かしてみよう

ボールを「ける動き」を骨を動かして確認し、どのように筋肉をつければ「ける動き」になるかを考えさせる。

どのようにつけるか？

　　は、さらに授業の進め方を示したところ

# 筋肉モデルを使って考えよう

○腕の筋肉モデルを使って、観察・実験して調べることにより、筋肉がどんな動きで腕を動かしているかを知ることができる。

【用意するもの】 ストッキング、プラスチック段ボール、綿、結束バンド、ナット、ボルト

## 1 腕の動き方を考える (第3時 前半) 主体的・対話的

筋肉（モデル）1個をさわって、「ちぢむ」「ゆるむ」の状態を学習する。「ちぢむ」「ゆるむ」の筋肉の状態がよく分からない児童がいるので、言葉と筋肉の状態が一致するようにさわって実感させる。

> 筋肉は「ちぢむ」と「ゆるむ」では、どちらが力を出すのだろう。

児童は、筋肉（筋肉モデルの筋肉）の両端から引っ張ったりちぢめたりしながら、自分の腕の筋肉の様子と比べて調べ考える。

【予想される児童の反応】

・腕の筋肉は、「ちぢむ」ときに、盛り上がって力が出るよ。

・「ゆるむ」ときは、伸びて力が抜ける感じがする。

次に、筋肉のどんな動きが骨を動かすのかを考えていく。

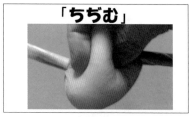

「ちぢむ」

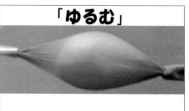

「ゆるむ」

> 腕を曲げるためには、骨のどこに筋肉がついていればよいか。

実際にビニルテープで筋肉を骨となるプラスチック段ボールに付け、「筋肉がどこに付いていれば、腕を曲げることができるのか」を考える活動をする。

初めから、筋肉2つを付け「曲げ伸ばし」を考えるのは混乱する。そのため、「筋肉1つをどこに付ければ曲げることができるか」と限定して発問する。

　グループで話し合い、仮にテープで付けて動かしながら、考えるようにする。

【予想される児童の反応】

・筋肉がちぢんで骨を引っ張るように
　つければいいね。

・つけるところが、関節に近すぎるとう
　まく動かない。

・腕の上にある筋肉がちぢん
　で、曲げている。

　この後、グループごとに
前に出て、筋肉モデルを動
かしながら、骨に付けた位
置と動く理由を発表させ、
交流する。

　その後同様にして、もう
1つの筋肉についても考え
る活動をする。

> 腕を伸ばすためには、骨のどこに筋肉がついていればよいか。

　曲げるためには、上にある筋肉をちぢめることが必要だと気づいているので、その反対側にある筋肉がはたらくことが分かる。

【予想される児童の反応】

・今度は、腕の下に筋肉をつけないと伸びないね。

・下の筋肉が縮んで引っ張って、腕が伸びるんだ。

## 2　腕の動き方を考える（第3時 後半）　主体的・対話的

　前半は、筋肉を骨となるプラスチック段ボールのどこに付けると、腕がうまく動くかを考えたが、後半は筋肉モデル完成版を使って、実際の腕の動きを実感できるようにする。

---

生命領域：人の体

図は、筋肉モデル完成版である。

初めは、筋肉の様子を骨となるプラスチック段ボールを動かして、曲げたときと伸びたときの筋肉の様子を観察させる。

腕を曲げるときは、上の筋肉は、盛り上がってちぢみ、下の筋肉が伸びでゆるんでいるのが分かる。

同様にして、腕を伸ばすときは、上の筋肉が伸びてゆるみ、下の筋肉がちぢんでいることが観察できる。

この観察の後に、今度はプラスチック段ボールを持たず、筋肉をちぢめることで骨が動くかを実験する。

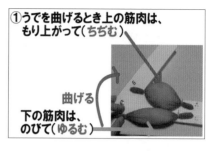

①うでを曲げるとき上の筋肉は、もり上がって(ちぢむ)

曲げる

下の筋肉は、のびて(ゆるむ)

②うでを伸ばすとき上の筋肉は、のびて(ゆるむ)

のばす

下の筋肉は、(ちぢむ)

上の筋肉をちぢめてやると図のように骨を引っ張って腕を曲げることができる。

同様にして、下の筋肉をちぢめると骨を引っ張って腕を伸ばすことができる。

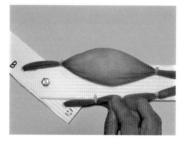

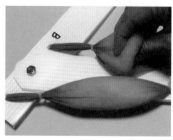

観察・実験したときの児童のノート→

## 筋肉モデルの作り方

身近なもので簡単に筋肉モデルを作ることができる。本実践では、筋肉を付けない状態で「どこに付けると腕が動くか」を考えさせ、完成版を使って筋肉の動きをさらにじっくり、観察・実験させた。

ストッキングの
片足の3分の1を
切り取る。
（筋肉1個分）

【作り方】

①ストッキングに
綿を入れる。

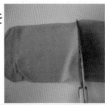

②ストッキングの
はじを結束バンド
で軽くとめる。

この筋肉を
大小2つ作る。

③2つの板をボルトで
とめて関節を作る。　うら↓

④AとBにつけよう。
ストッキングの
はじをAのあなに
ねじ込む。
（ドライバーか
えんぴつの先で）

⑤もう片方は、Bに
入れる。

⑥結束バンドの位置
を決め残りを切る。

⑦小さい筋肉も
BとDにつける。

大きいもの

少し小さいもの

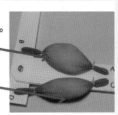

（関澤陽子）

## **4年** 「動物の活動と季節・植物の成長と季節」

# 季節と生き物について調べよう→「1年間で、どの

## (1)春の生き物のようすや植物の育ち方を調べよう

P.80〜82に授業細案

### 第1〜6時 春に見られる生き物や植物の様子を観察しよう。

①春の生き物のようすを観察する。
②生き物が活動し始めたのは何に関係があるのか話し合う。

③サクラの木などの育ち方を調べる。
④ヘチマの種をまいてどのように育つのか調べる。

⑤観察計画を立てる。
⑥春の観察記録をまとめる。

## (2)夏の生き物のようすや植物の育ち方を調べよう。

### 第7〜12時 夏に見られる生き物や植物のようすを観察しよう。

⑦夏の生き物のようすを観察する。
⑧生き物の活動がさかんになった理由を話し合う。

⑨サクラの木などの育ち方を調べる。
⑩ヘチマの育ち方（茎の長さや葉の大きさ等）を調べる。

⑪気温と生き物の関係について話し合う。
⑫春と比べ、夏の観察記録をまとめる。

# 1年間の観察記録がスゴイ！
## ～24時間（各6時間）～

**ように成長し変化していくのか」**

---

### (3)秋の生き物のようすや植物の育ち方を調べよう

**第13～18時** 秋に見られる生き物や植物のようすを観察しよう。

⑬秋の生き物の様子を観察する。
⑭生き物の活動がさかんになった理由を話し合う。

⑮サクラの木などの育ち方を調べる。
⑯ヘチマの育ち方（花の数や実の様子等）を調べる。

⑰気温と生き物の関係について話し合う。
⑱夏と比べ、秋の観察記録をまとめる。

---

### (4)冬の生き物のようすや植物の育ち方を調べよう

P.83に授業細案

**第19～24時** 冬に見られる生き物や植物のようすを観察しよう。

⑲⑳冬の生き物のようすを観察する。
㉑㉒秋と比べ、冬の植物のようすを調べる。
㉓㉔１年間の観察記録をまとめる。

---

> **授業のポイントは、ここ！**

本単元では、身近な動物や植物を探したり育てたりする中で、動物の活動や植物の成長と季節の変化に着目させる。そして、それらを関係付けて調べ、身近な動物の活動や植物の成長と環境とのかかわりを捉えるようにする。

　　　　　　　　　　　　　　　　　　は、さらに授業の進め方を示したところ

# サクラの木などの育ち方を調べよう

〇観察カードは、記録文に時間をかけさせ、気づきを共有化させる。
〇見通しをもって観察させ、1年間を振り返ってまとめをさせる。

## 1 観察カードは「6点セット」で書かせる（第1時）

観察カードは、①記録事項 ②記録図 ③記録文の3部構成である。

授業では、お絵描きの時間が多く、②記録図に時間がかかり、③記録文がおろそかになっている傾向がある。

言語力を鍛えるためには、②記録図に時間をかけずに、①記録事項と③記録文をしっかりと書かせることである。

記録事項の書き方として、教科書では、「調べるものの名前をかく」「調べた場所をかいておく」「月日とじこく、天気をかく」「空気の温度をはかって、かく」と書かれている。

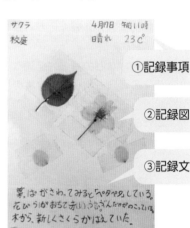

整理すると①日付 ②タイトル ③天気 ④気温 ⑤場所 ⑥時刻 の6つが書かれていることになる。これを「観察記録の6点セット」として毎回書かせていく。

ワークシートなどにしなくても、白紙のカードやノートで十分である。

> 6点セットを書きなさい。

これだけで、子どもたちは記録事項をしっかりと書くようになる。

「観察させる→観察カードを書かせる→コメントを入れる→観察カードを掲示する」。よく見られる流れではないだろうか。

観察カードを書かせっぱなしにしていることが多い。

観察カードを書かせたならば、発表までさせるべきである。

## 主体的

　４年では、１年を通して生き物の観察を行う。とにかく見つけた生き物を観察カードに書かせる。記録文では箇条書きを教える。

> 分かったこと、考えたこと、思ったことを箇条書きしなさい。

　ポイントは「思ったこと」である。思ったことだから何を書いてもいいのだ。

　子どもたちは、当たり前のことをどんどん書いていく。

　その当たり前の中にきらりと光る発言が含まれてくる。

　次に、途中でいくつ書けたかをたずねることが必要だ。

　聞き方はいろいろある。「１つ書けた人、２つ。３つ」と挙手させたり、「もう５つも書けた人がいる」などと挑発したりする。

　また、「3.7cmあったの。何cmあったか測るなんてすごい！」などとほめて、全体に広げていくことが大切だ。

　箇条書きの時間は、最低５分は必ずとる。書く時間が保障されなければ、子どもたちの思考、その後の発表は期待できない。多い子は50以上も書くので、観察カードではスペースが足りない。

　箇条書きさせるならば、ノートの方が適している場合が多い。

## 対話的

　箇条書きしたことを発表させる。発表させることで、子どもたちの中に内部情報が蓄積されていく。

> なるほど！ と思ったことはメモしておきなさい。

　観察カードを書くだけの授業と発表まで入れる授業では雲泥の差がある。

　私は、八つ切り画用紙を４等分したシンプルな向山型観察カードを使っている。

　スケッチの技能も大切であるが、観察カードに書いてほしいのは、気づき、発見である。

　まず、花や葉を１つとって、五感を使って観察させる。

　観察には、虫めがねや定規があると効果的だ。

　そして、いろいろ言わせる。

「ぎざぎざしている」

「いいにおいだな」

「葉っぱの付け根のところがふくらんでる」

「表と裏で色がちがう」など。

　友達同士で情報を交換させ、蓄積させる。

　教師は、「へえ、すごい発見だねえ」「絶対後で書いてね」とびっくりして称賛する。

　十分に実物にさわってから、問う。

▲写真①　実物を貼る

> 花びらは何枚でしょう。
>
> 葉っぱのすじ（葉脈）は途切れているところがある。○か×か？
>
> 表と裏、色が濃いのはどちらでしょう。

　もう一度見たくなる発問をする。

　ここまでで15分ぐらいだ。

　さて、観察カードを書かせる。サクラの花や葉を毎回描かせるのではなく、実物をセロハンテープで貼らせる（写真①）。

　密閉して貼るのがポイントだ。少々色が変化するが、１年間は十分にもつ。

　写真や絵も「モノ」の１つとなるが、実物に勝るものはない。

　実物を十分にさわって、情報交換しているので、様々な気づきが出る。

　気がついたことは、教科書の例のように文章を書かせてもよいし、箇条書きにさせてもよい。

　箇条書きの欠点は、「どの部分を観てそのように気がついたのか」が、後で分からなくなってしまうこともある。だから、貼った実物を中心に線や矢印を引っ張って、メモさせていくと効果的だ。

　再び、書いたことをどんどん発表させていく。なるほどと思ったことは、自分のカードに反映させていく。カードを書きながら、情報を発信させることで、内部情報が蓄積されていく。

　記録図にあまり時間をかけないことで、気づきがつまった観察カードに仕上がる。

　実物を貼るよさは、大きさである。１年間経つと、葉の成長も分かる。

## 2　1年間を振り返ってまとめさせる（第23・24時）　主体的

　サクラ以外のドングリ、シラカバ、ツツジなど、
1本を決めさせる。サクラとの比較が可能になる。

　1年経つと、落葉樹と常緑樹に気づくことがで
きるのである。教師は、是非、学校のサクラを定
点で撮っておくことをお勧めする。学習のまとめ
に反映できるからである。

### 対話的

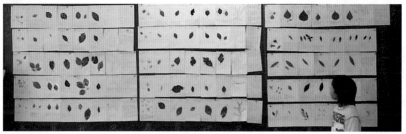

▲観察カードをつなげて、1年間観察した木の変化を説明（第21・22時）

### 深い学び

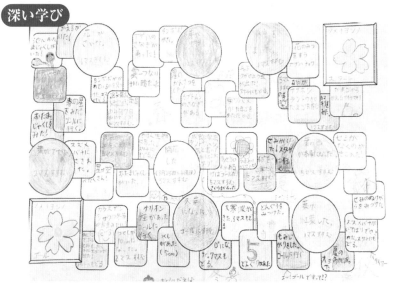

▲観察記録をもとに1年間を振り返ってまとめた双六（第23・24時）

（千葉雄二）

# 5年「植物の発芽・成長・結実」

## 植物の発芽と成長、実のでき方について調べよう→

### (1)植物が発芽するための条件は何か　P.86・87に授業細案

**第1〜8時**　様々な条件で実験を行い発芽に必要な条件を調べる。

①種子が発芽するために何が必要か話し合おう。
②種子が発芽するために必要なものを調べる計画を立てよう。
③発芽に必要な条件を調べる実験をしよう。
④実験の結果を整理してクラス全体で比較しよう。
⑤実験の結果から発芽に必要な条件を考察しよう。
⑥発芽する時の子葉のはたらきについて話し合おう。
⑦発芽する時の子葉のはたらきを調べる実験をしよう。
⑧植物の発芽についてまとめよう。

### (2)植物が成長するための条件は何か

**第9〜14時**　植物が成長する条件を実験で調べる。

⑨植物が成長するために何が必要か話し合おう。
⑩植物が成長するために必要なものを調べる計画を立てよう。
⑪植物が成長する条件を調べる実験をしよう。
⑫実験の結果から成長に必要な条件を考察しよう。
⑬植物の成長についてまとめよう。
⑭植物の発芽と成長の学習をふり返ろう。

Ⓐ日光と成長

| 調べる条件<br>（日光） | 同じにする条件<br>（肥料） |
|---|---|
| ⑦ 当てる | あたえる(同じ量) |
| ⓘ 当てない | |

# 植物が育つための条件を考える
## ～22時間～

## 「植物が育つための条件は何か？」

### (3)植物が実をつくるための条件は何か

**第15〜22時** 実験で実になるための条件を調べる。

⑮ヘチマやアサガオの花のつくりを調べよう。
⑯ヘチマやアサガオのおしべの先にある花粉を観察しよう。
⑰ヘチマのめしべを観察しよう。
⑱実ができるために受粉は必要かを調べる計画を立てよう。
⑲花粉のはたらきを調べる実験をしよう。
⑳実験の結果から花粉のはたらきを考察しよう。
㉑植物が実のでき方についてまとめよう。
㉒植物の実のでき方の学習を振り返ろう。

## 授業のポイントは、ここ！

　本単元では「条件を制御しながら調べる活動」が中心となる。実験の計画では、「調べる条件（変える条件）」と「同じにする条件（変えない条件）」を表にして書かせると確かめやすい。この時、「調べる条件」は1つだけであることを必ず確認する。

（実験）花粉のはたらきを調べよう。

| 調べる条件 | 同じにする条件 |
|---|---|
| ㋐ 受粉させる。 | つぼみにふくろをかぶせる。 |
| ㋑ 受粉させない。 | 花がしぼむまでふくろをかぶせておく。 |

　は、さらに授業の進め方を示したところ

**5年**「植物の発芽・成長・結実」

# 種子が発芽する条件

○導入時に、発芽に必要な条件とそれを調べる方法を考えさせる。
○追究の過程を通して、予想や仮説を基に解決の方法を発想・表現させる。

## 1 種子が発芽するためには何が必要か話し合おう（第1時）

**主体的・対話的**

> 発芽に必要なものは何だと思いますか。予想と調べる方法を書きなさい。

　様々な考えが多面的に出るよう、どの子の考えも認め、たくさんノートに書いている子をほめる。

- ・水が必要。水やりをする、しないで比べる。
- ・空気が必要。空気のある所とない所で比べる。
- ・肥料が必要。肥料をやる、やらないで比べる。
- ・日光が必要。日光を当てる、当てないで比べる。

> **主体的** なるべくたくさんの条件を考えてノートに書く。
> **対話的** 予想の発表を聞き合い、様々な条件に気づく。

## 2 発芽に必要な条件を調べる計画をしよう（第2時） **主体的・対話的**

> 発芽に必要な条件を調べるために比べるものを Ⓐ〜Ⓕ から選びなさい。

Ⓐ 水あり　Ⓑ 水なし　Ⓒ 箱をかぶせて日光を当てない　Ⓓ 冷ぞう庫に入れる　Ⓔ 空気にふれさせる　Ⓕ 空気にふれさせない

①水は必要か。
　（予想）必要だと思う。
　　　植物は水をやらないとかれてしまうから。
　（実験）Ⓐ と Ⓑ を比べる。

| 調べる条件 | 同じにする条件 | 結果 |
|---|---|---|
| Ⓐ水をあたえる。 | 同じ土を使う。 | |
| Ⓑ水をあたえない。 | 同じ場所におく。 | |

　まず、調べることについて、予想を書かせる。そして、教師が提示したⒶ〜Ⓕの実験方法から、どれとどれを比較すればよいか考えさせる。条件については表に書かせる。

② 空気は 必要か。
　（予想）必要ではないと思う。
　　　　種子は、土の中にうめるから。
　（実験）Ｅ と Ｆ を比べる。

| 調べる条件 | 同じにする条件 | 結果 |
|---|---|---|
| Ｅ 空気にふれさせる。 | だっし綿を使う。 | |
| Ｆ 空気にふれさせない。 | 同じ場所におく。 | |

**主体的・対話的**
グループやクラスで話し合いながら、同じ条件（変えない条件）と調べる条件（変える条件）に気をつけて実験の計画を行う。

他の条件についても、同じようにノートに書かせる。

## 3　種子が発芽するために必要な条件を調べる実験をしよう（第3時）

計画した実験を行うにあたって以下の点に気をつける。
・天気予報で気温が十分か確認する。気温が低いと発芽しない。
・水やりができないため、行事があるときや連休の前は避ける。

## 4　実験の結果を比較・検討しよう（第4時）**深い学び**

同じ条件でも、発芽した班と発芽しなかった班があるのはなぜですか。

黒板に表をつくり、各班の結果を記入させる。

結果を見比べて、同じ条件なのに違う班があるのはなぜか話し合う。

・種には発芽しないものがある。
・水やりが十分でなかったため発芽しなかったものがある。
・水の中に少し空気があった。
・水が蒸発して空気にふれてしまった。

|  | 1班 | 2班 | 3班 | 4班 | 5班 | 6班 | ○ | × |
|---|---|---|---|---|---|---|---|---|
| Ⓐ水あり | ○ | ○ | ○ | × | ○ | ○ | 5 | 1 |
| Ⓑ水なし | × | × | × | × | × | × | 0 | 6 |
| Ⓒ日かげ | ○ | ○ | ○ | ○ | ○ | × | 5 | 1 |
| Ⓓ冷ぞう庫 | × | × | × | × | × | × | 0 | 6 |
| Ⓔ額あり | × | ○ | × | ○ | ○ | ○ | 4 | 2 |
| Ⓕ額なし | × | × | ○ | × | ○ | × | 2 | 4 |

**深い学び** クラスで話し合いながら、結果の見方を考えさせる。多くの班が発芽した実験については、「発芽した」とする。

話し合い後、実験の結果から発芽には何が必要だといえるかをノートに書かせる。

（上木朋子）

生命領域【植物の体】

# 6年 「植物の養分と水の通り道」

## 植物のからだのはたらきを調べよう→ 「植物は水や

### (1)根から取り入れた水は植物のどこを通るのか

**第1〜4時** 植物のからだの水の通り道を実験で調べる。

①根から取り入れた水は植物のからだのどこを通るのか話し合おう。
②植物のからだの水の通り道を実験で調べよう。
③植物のからだを通って葉まで運ばれた水はどうなるか調べよう。
④植物のからだの水の通り道をまとめよう。（気孔を観察しよう）

茎　　葉

シマフムラサキ
ツユクサの気孔
（150倍）

切り花用の染色液を使ってブロッコリーを染めると
水の通り道が分かりやすい。

シマフムラサキツユク
サの葉はそのまま顕微
鏡のステージにのせる
と気孔が観察できる。

### (2)植物の葉に日光が当たるとでんぷんができるのか

P.90・91に授業細案

**第5〜8時** 日光と葉のでんぷんとの関係を実験で調べる。

⑤植物の成長に日光が必要なのか話し合おう。
⑥葉に日光が当たるとでんぷんができるかを調べる計画をしよう。
⑦葉に日光が当たるとでんぷんができるかを実験で調べよう。
⑧実験の結果から植物と日光のかかわりについて考察しよう。

エタノール脱色

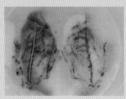

たたき染め

# 植物の体のつくりと働きを考える

## ～9時間～

## 養分をどのように取り入れているか？」

### (3)植物について考えよう

**第9時** 3年生から学んできたことをまとめる。

⑨植物はどのように育ち、生命をつないでいるのかを振り返ってまとめよう。

【3年】

種子　子葉　葉　くき　根　花　実　種子

（ホウセンカ）

【4年】

春　夏　秋　冬

（サクラ）

【5年】

（インゲンマメ）

○種子
・でんぷん
○発芽の条件
・空気
・水
・適当な温度

【5年・6年】

○成長の条件
・日光
・肥料
○葉に日光が
当たると、
でんぷんが
できる。

【5年】

（ヘチマ）

○めしべのもとの部
分が実になり種子
ができる。

○受粉
・花粉
・おしべ
・めしべ

### 授業のポイントは、ここ！

☆難しい実験は何度もやり方を見せる
　葉のでんぷんを調べる実験は手順が難しい。教科書の図や動画を何度も見
　せることで、手順を頭に入れるとよい。そのときに、
　①最初に湯につけるのは葉をやわらかくするため
　②エタノールは葉の緑色をとかし出すため
　③ヨウ素液はでんぷんがあるかを調べるため
　と、一つ一つの手順の意味を確認する。(意味が説明できるよう指導する)
　第5時から第8時まで毎時間見せれば、4回繰り返すことができる。

　　　　　　　は、さらに授業の進め方を示したところ

# 6年 「植物の養分と水の通り道」

# 植物の葉に日光が当たるとでんぷんができるのか

○実験の計画や実験中、結果のまとめで繰り返し条件を確認する。
○葉のはたらきについて追究する中で、より妥当な考えをつくり出し表現する。

## 1 葉に日光が当たるとでんぷんができるかを調べる計画をしよう（第6時）

第5時に「植物の成長に日光が必要なのか」について話し合う。「日光が栄養になるから」「熱が力になるから」「日光で養分をつくっているから」といった予想をたくさん出させる。そこから、「葉に日光が当たるとでんぷんができるか」を調べるという方向性を示す。

**主体的** 予想したことや知っていることをノートに書く。

**対話的** 発表を聞き合いながら、何をどのように調べていくかについての考えを持つ。

児童は「葉をヨウ素液に浸せばよい」と考える。そこで、葉をそのままヨウ素液に浸して、何も変わらないことを見せるとよい。その上で、葉に含まれるでんぷんを調べる方法にはエタノールで脱色する方法とたたき染めをする方法があることを教科書の図で説明する。デジタル教科書などの動画を見せるとより分かりやすい。

第6時では、調べる条件について検討する。

> 葉に日光が当たるとでんぷんができることを調べるには、「日光に当てた葉」と何を比較すればよいのだろうか。

朝から日光に当てた葉を午後に調べるとしたら、「日光に当てていない葉」は、どのような条件のものにすればよいかを考えさせる。

**深い学び** 条件を検討しながら、より妥当な実験方法を考える。

・前の日から段ボール箱をかぶせておけばよい。
　→同じ植物で比べることが難しい。（別々の個体だと条件が違ってしまう。）
・前の日から葉におおいをかぶせればよい。
　→朝から日光に当てる葉におおいはかぶせるのか。

・前の日に晴れていたら、次の日にもでんぷんが残っているかもしれない。

　→朝の葉にでんぷんがあるかどうか調べればよい。

　1つ1つの条件を検討し、実験の方法を整理する。

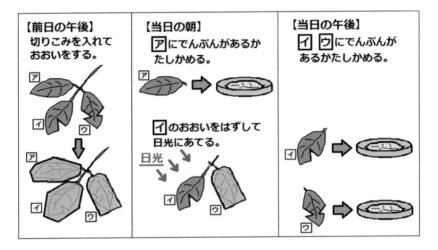

## 2　葉に日光が当たるとでんぷんができるかを実験で調べよう（第7時）

　失敗の多い実験なので、コツを紹介する。

①エタノールは温度が大事

　エタノールを十分に温めると脱色がうまくいく。エタノールの量を少な目にして温まりやすくしたり、事前に温めておいたものを使ったりするとよい。引火の危険があるので火は使えないが、ホットプレートや電気ポットを使うと高温を保つことができる。

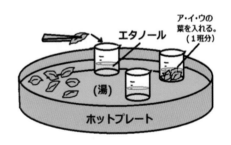

②冷凍の葉で対応できる

　朝一番に実験を行うことが難しかったり、理科の時間に晴れなかったりと、実験のタイミングが難しい。そこで、条件に合わせて摘んだ葉を冷凍保存する方法がある。常温や冷蔵では葉が呼吸してでんぷんが使われてしまうので、摘んだらすぐに冷凍庫に入れ、実験の時に凍ったまま使えばよい。

（上木朋子）

# 6年「生物のくらしと環境」

## 生物と食べ物、空気、水とのかかわりについて調べ

### (1)生物と食べ物とのかかわり

P.94〜96 に授業細案

**第1〜3時**　生物の食べ物を通したかかわりについて調べる。

①生物と食べ物、空気、水とのかかわりについて考える。

②人やほかの動物の食べ物の元は何かを考え、「食べる」「食べられる」という
　関係であることを調べる。

③自然の中の動物（魚など）の食べ物をたどり、水中の小さな生物を観察する。

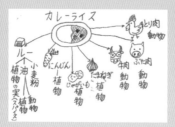 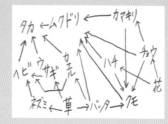

### (2)生物と空気とのかかわり

**第4時**　動物と植物は空気を通して互いにかかわりあっていること
　　　　に気付く。

④気体検知管を使って調べることで、「植物が空気中の二酸化炭素を取り入れて酸
　素を出し、その酸素を動物が呼吸で使っている」ことが分かる。

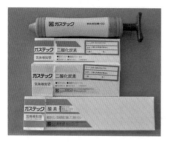 

# 一目で分かる生物と環境のかかわり

## ～7時間～

## よう

### (3)生物と水とのかかわりとまとめへ

P.96・97に
授業細案

**第5～7時** 生物が生きていくうえで必要なかかわりについてまとめ、よりよいくらしをする方法をまとめる。

⑤生物と水とのかかわりについて考え、まとめる。

⑥生物と食べ物、空気、水とのかかわりについてまとめる。

⑦発展として意見が分かれる内容を投げかけ、討論する。「日本では絶滅してしまったオオカミを、外国から持ち込んだらどうか。賛成か、反対か」

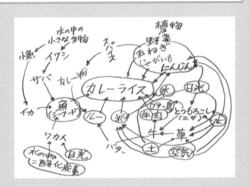

---

## 授業のポイントは、ここ！

★食物連鎖というと1本の鎖がつながっているだけと捉えがちである。しかし、実際は、複雑に互いにつながり合い、網の目のようになっていることをマップを書く活動を通して実感させる。

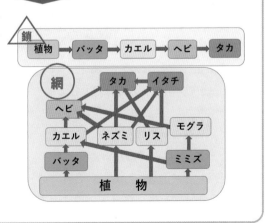

は、さらに授業の進め方を示したところ

# 生物と食べ物とのかかわり

〇つながりマップにまとめ、意見の分かれる発問で討論する。

## 1 生きるために必要なもの（第1時）

> 人や動物が生きていくのに必要なものは、何でしょう。

　このように発問し、ノートに理由も書かせ、発表させる。
【主な児童の意見】
・食べ物が必要である。食べ物の栄養で動いたり、成長したりできるから。
・空気が必要である。なぜなら動物は、呼吸をしているから。
・水は必要である。動物の体は多くの水でできているから。
　できるだけたくさんの児童に発表させた後に、クラスの意見を以下の大きく
3つに分けてまとめ、この単元で調べるテーマとする。
①生物と食べ物のかかわり
②生物と空気のかかわり
③生物と水のかかわり

## 2 食べ物マップをまとめる（第2時 前半） 主体的・対話的
「食べ物とのかかわり」は、カレーライスで調べていくとよい。

> カレーライスの材料の元は何でしょう。

　まずカレーの材料は何かを考えさせ、全員が同じ材料の元をたどれるように
することで、論点がずれないようにする。「カレーの材料は、米、野菜、肉、ルー
などだね」と共通理解した後、これらの元や餌をたどるようにする。書き方の
手順を教え、ノートに書けるようにする。
　児童4、5人に黒板に出て書かせる。

黒板に描いてもらった図を見て、分かったこと、気づいたこと、思ったことをできるだけたくさん書きましょう。

【主な児童の意見】

・牛の餌は、草だから植物だ。

・豚やニワトリの餌は、トウモロコシなどの植物だ。

・動物の元をたどると、みんな植物にたどり着くと思う。

・植物のつくるでんぷんを食べる動物が豚やニワトリや牛だ。

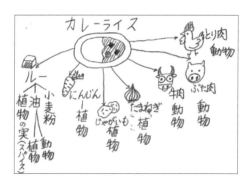

次に、他のメニューについても、給食の献立表を使って調べさせる。給食は、献立表を見ると材料が書いてあるので、メニューを決めた後、その材料について話し合うことができてよい。

グループごとに給食の献立からメニューを決めて調べさせる。その後、グループごとに調べた結果を発表させ、クラスで共有することで、「全ての食べ物が植物に行きつくこと」が実感できる。

## 3　動物の食べ物を調べる（第2時 後半）

身近な動物が「何を食べているか」を図に書く活動を行う。

ムクドリの食べ物のもとをたどって調べよう。

矢印を「食べる」←「食べられる」として書くことにする。
「ムクドリ←昆虫←植物」という大きなくくりでなく、「ムクドリ←カマキリ←バッタ←草」という具体的な虫などで表現させると分かりやすくなる。

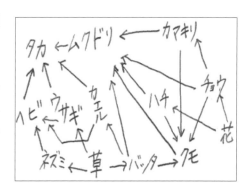

また、他の動物や植物をつけ足して調べるうちに、図のように、実際は、網の目のように複雑に絡み合っていることも分かる。以下のようにまとめる。

> 　生物どうしの「食べる」「食べられる」という関係は、鎖や網の目のようにつながり合っている。このような、生物どうしのつながりを「食物連鎖」という。

## 4　生物と食べ物、空気、水とのかかわりについてまとめる
### （第6時）　主体的・対話的

　グループで大きな紙に、第2時で書いた各自の食べ物や水などのかかわりをまとめる活動をする。記入するときには、「どんなふうにつながっているか」の説明をしながら言葉や矢印を書き込むようにする。例えば、「牛肉の元は牛で、牛は草を食べる」というように説明できるとよい。

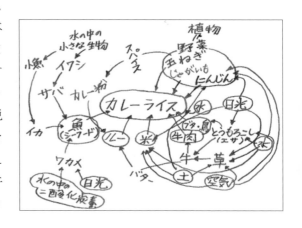

　誰が書いたか分かるように色を変える。賛成したり、付け加えたりして、図を完成させる。意見が分かれた場合は、グループで話し合う活動も行う。

> 植物が生きるために必要なものは何か。

　このように問い、マップにつけ足して図にまとめる（図）。このようにして、食べ物だけでなく、空気や水にも関係あることに気づくことができる。例えば、「牛の食べる草は、水や空気、土が必要だ」などである。この活動により、「食物連鎖」は、1本の鎖というより、複雑な網目状になっていることが実感できる。

## 5 現実の社会問題を考える（第7時） 主体的・対話的

　食物連鎖の仕組みを学習した後、以下のような発問を投げかける。この発問は、大人も意見が分かれる内容である。

> 日本では、オオカミが絶滅したため、オオカミに食べられていたシカなどが増えすぎて、農作物などへの被害が深刻な問題となっている。これを食い止めるために、以下のような主張がある。
> 「日本では絶滅してしまったオオカミを、外国から持ち込んだらどうか。賛成か、反対か」

　まず、自分の立場を「賛成か反対か」を決めて、ノートに理由を書く活動をする。理由も1つだけでなく、賛成なら反対意見が違う理由なども考えて、討論のための意見をノートにたくさん書き、準備させておくとよい。

【予想される児童の賛成○・反対●の意見】
○オオカミがシカを食べれば農作物が荒らされなくなってよい。
○元の状態に戻るのでよい。
●オオカミが人を襲うかもしれない。オオカミは、危険だ。
●オオカミでなく、人がシカなどを退治すればいい。

　たくさんの意見を出させた後に、もう一度自分はどう考えるかを書かせるとよい。

　さらに、最後にこの結論は、多数決で決められるものではないこと、どちらかの結論を出すことよりも、どうするとよいのかを考え、根拠のある意見が言えることが大切であること、大人でも意見が分かれる内容であることなどを伝えるとよい。

（関澤陽子）

## 3年 「地面のようすと太陽」

# 太陽の動きや、太陽の光のはたらきについて調べよう

## （1）影つなぎをして、1日の日かげと太陽について調べよう

P.100〜105 に授業細案

**第1〜4時** 影つなぎからの気づきを基に、影と太陽の動きについて調べよう。

①影つなぎをして、影について気づいたことを話し合おう。
②③影の1日の動きを調べ、実験結果から分かったことを考えよう。
④影の動きから、1日の太陽の動きのモデル実験で考えよう。

遊んで気づく

調べて、考える

モデルで深い理解

## （2）日なたと日かげについて調べよう

**第5・6時** 日なたと日かげの違いについて調べよう。

⑤日なたと日かげの地面の温度の違いを調べよう。
⑥太陽は日なたからしか見えないのかを調べよう。

さわって気づく

気づきを解決する実験

# 影の動きから太陽の動きを考える
## ～10時間～

## (3)日光をはね返したり集めたりしてみよう

**第7～10時** 鏡を使って日光を反射させて、光について調べよう。

⑦鏡を使い光を反射させ気づいたことを交流する。
⑧反射させた光を重ねると温度が上がるのか調べよう。
⑨虫眼鏡で光を集めるとどうなるのかを調べよう。
⑩黒い紙に光を集めると温度が上がりやすいのか調べよう。

日光で遊んで気づく

日光が集まると温度が上がる？

色による温度の上がり方の違い追究

## 授業のポイントは、ここ！

①気づいたことを交流することの中から出てきた疑問を解決する形で授業を作る。
②天体の動きは分かりにくいのでモデル実験をすることで、太陽の動きの理解を深められる。また、虫眼鏡で黒い紙を使う理由を追究する活動を通して主体的に学ぶ態度を育てることにもつながる。

　　　　　　　　　　　　　　　　は、さらに授業の進め方を示したところ

## 17 | 3年 「地面のようすと太陽」

# 1日の日かげと太陽の動きについて調べよう

 **POINT!** ○イメージしにくい太陽の動きが、モデル実験を通して理解できる。

## 1 影つなぎと方位磁針パフォーマンステスト（第1時）

運動場に出て次の手順で10人ずつくらいで影をつなぐ。

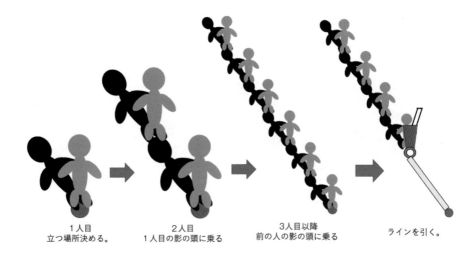

| | | | |
|---|---|---|---|
| 1人目<br>立つ場所決める。 | 2人目<br>1人目の影の頭に乗る | 3人目以降<br>前の人の影の頭に乗る | ラインを引く。 |

> 20分後にもう一度同じ場所から影つなぎをした時、線の場所は動くでしょうか。同じでしょうか。

「同じ」か「動く」かで予想する。待っている20分間で方位磁針の使い方のパフォーマンステストを行う。

## 2 方位磁針のパフォーマンステスト（第1時 前半）（20分程度）

次のページのような方位磁針テストを用意する。以下の手順で行う。
①全員で(1)を音読だけする。
②(1)を音読しながら方位磁針を使う。

③2人組で(2)のテスト
で（　）内を言い
ながら使えるように
なったら合格。

④合格した子は、教師
のところに最終テス
トを受けに来る。

⑤教師テストを合格し
た子はミニ先生にな
り、まだ合格してい
ない子のテストをす
ることができる。

## 3　影つなぎ
### （第1時 後半）

　もう一度影つなぎを
する。

　1人目は1回目と同
じ場所に立ち、2人目
以降は影の頭の先に乗
っていく。20分で影は5度程度動くので10
人目の児童は1m程度立つ場所が動く。

# 方位じしんパフォーマンステスト
　（1）練習（　）の中の言葉を覚えながら方位磁針を使おう

① はりが自由に動くように方位じしんを（水平）に持つ。

② （調べるもの）の方向を向く。

③ 方位磁針を回し、はりの（色のついた方）に（北）の文字を合わせる。

④ 調べるものの（方位）を読み取る

ポイント1　南を向いた時、左がわが（東）、右がわが（右）

ポイント2 （じしゃく）や（てつ）でできたものの近くでは使わない。

　（2）方位じしんテスト（　）の中の言葉を言いながら
方位じしんが使えたら合格だ！

① はりが自由に動くように方位じしんを（　）に持つ。
② （　　　）の方向を向く。
③ 方位磁針を回して、はりの（　）に（　）の文字を合わせる。
④ 調べるものの（　）を読み取る
ポイント1　南を向いた時、左がわが（　）、右がわが（　）
ポイント2（　）や（　）でできたものの近くでは使わない。

> この後、影はどちらの方角に動いていくのかな？

　方位磁針で影が西の方向に動いたことを確認し
て、この後どう動いていくのかを予想する。1日
かけて影の動きを調べることを次のめあてとして
1時間目を終わる。

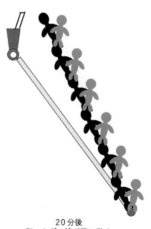

20分後
影つなぎの線が西に動く。

## 4　影の1日の動きを調べる（第2時）

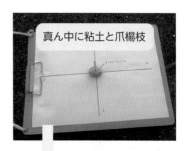

真ん中に粘土と爪楊枝

（準備物）　○ 粘土　○ 爪楊枝
○ 記録用紙　○ バインダー　○方位磁針

　朝の1時間目に授業は行う。場所は屋上のような1日中太陽が当たり、バインダーが置きっぱなしにできるところがよい。

　実験は個人で以下の手順で行う。

①記録用紙をバインダーにはさむ。

②用紙の中心に粘土を置き、爪楊枝を立てる。

③方位磁針で北を調べる。

④記録用紙の北を方位磁針の北と合わせる。

⑥爪楊枝の影をなぞり、時間を記入する。

⑦太陽の方角も矢印で記入しておく。

⑧方角を合わせて置いたままにする。休み時間のたびに記録する。

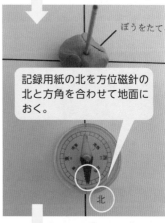

ぼうをたてる

記録用紙の北を方位磁針の北と方角を合わせて地面におく。

北

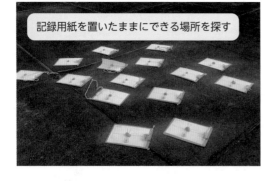

記録用紙を置いたままにできる場所を探す

影をなぞり時間を記録

太陽

ぼうをたてるところ

4月 9時...

## 5　影の動きから太陽の動きを考える（第3時）

　記録用紙が出来上がったら、以下のような考察をする

影は西から北を通って東へ動く。太陽は東から南を通って西に動く。

南を通ってという部分が考察から抜けていたら指導する必要がある。この後調べていない時間帯の太陽の動きを想像するが、記録用紙だけでは、想像しにくい。そこで、立体的に太陽の動きを確認できるモデル実験を紹介する。

## 6　太陽の動きを捉えるモデル実験（第4時）

（準備物）○懐中電灯　○ダンボール　○竹ひご　○丸水槽
　　　　　○丸いシール　○記録が終わった爪楊枝がついたままの記録用紙

（実験方法）

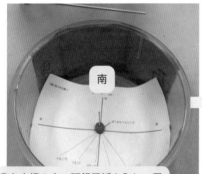

①丸水槽の中に記録用紙を入れ、用紙の南側にダンボールを貼る。

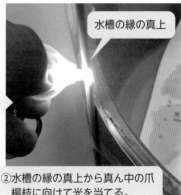

②水槽の縁の真上から真ん中の爪楊枝に向けて光を当てる。

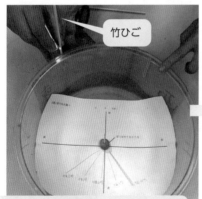

③影が10時の影にぴったり重なるようにする。光を当てた電灯に合わせて竹ひごをダンボールにテープで止める。

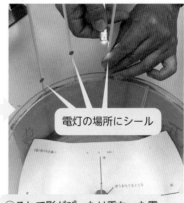

④そして影がぴったり重なった電灯の位置に丸いシールを貼る。この場所が太陽の場所になる。

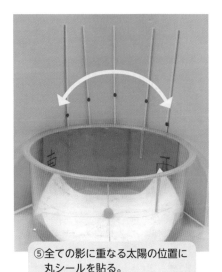

⑤全ての影に重なる太陽の位置に
丸シールを貼る。

教師が前で演示実験として行う。

　丸シールの位置を見ると、太陽が東から南を通って西に動いていることがよく分かる。

　これによって学校では観察できない9時より前と15時以降の太陽の動きを想像することができる。

　この実験をしておけば、「太陽は東から昇って南を通って西に沈む」ことを暗記させるだけでなく、モデル実験で体験的に捉えることができるようになる。

　このモデル実験の詳しい様子は右のQRコードから動画を見ることができる。

## 6　太陽の動きを生活に返す活用問題　主体的・対話的

　太陽の動きは生活にとても密接に関わっている。そのことに気付かせる問題を2つ用意した。

①木の影でお弁当を食べる問題
「夏のとても暑い日です。木の周りで1時間遊んでからお弁当を食べます。遊ぶ前にお弁当を食べる場所を取っておきます。1時間後、木の影でお弁当を食べるためにはA、B、Cのどの場所を取れば良いですか？　答えと理由を書きなさい」

　答えはC。理由は、1時間経つと太陽が南に動くので、影の位置が北の方に動くからである。

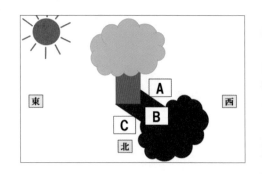

②洗濯物を干す場所問題

「今、朝7時。12時まで洗濯物を干します。洗濯物はずっと太陽に当たっていて欲しいです。右下の絵のA、B、Cのどこに洗濯物を干すと良いですか？答えと理由を書きなさい」

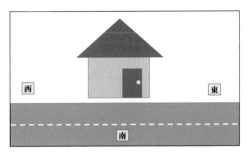

答えはA。午前中に太陽が当たる場所は東側。BとCはずっと日影だから、Aが良い。

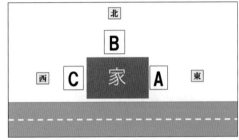

### ①方位磁針の直し方

（準備物）棒磁石　方位磁針

方位磁針の真ん中に磁石のS極を近づけ、針の色がついている方に向かってこする。これを2、3回繰り返すと色がついている方がN極になる。これで、方位磁針は正常に戻る。

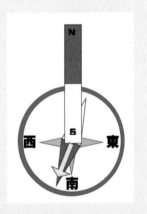

### ②方位磁針を使う場所の注意

教室内で方位磁針を使う場合は、近くに磁石を使った製品がないか気をつける（筆箱の開け閉め部分によく磁石が使われている）。

また屋上で使う場合は、アンテナや鉄柵のそばも方位磁針が狂いやすい。授業前に方位磁針が正しい方位を指しているか教師が確認しておくとよい。

（蔭西　孝）

## 4年 「雨水のゆくえと地面のようす」

# 雨水のたまり方や地面へのしみ込み方について調べ

## (1)雨が降った後の運動場の様子を調べよう

**第1・2時** 学校の中で水がたまりやすい場所を見つけて調べよう。

①雨の日の運動場を調べ、水がたまりやすい場所について考えよう。
②水がたまっている場所が、他の場所より低い場所なのかを調べよう。

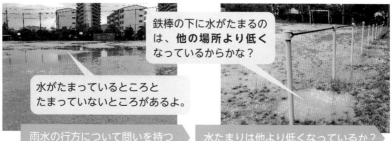

鉄棒の下に水がたまるのは、**他の場所より低く**なっているからかな?

水がたまっているところとたまっていないところがあるよ。

雨水の行方について問いを持つ

水たまりは他より低くなっているか?

## (2)地面の様子によって水のしみ込み方に違いがあるのか調べよう

P.108〜111に授業細案

**第3〜5時** 砂場と運動場の水のしみ込み方の違いを調べよう。

③砂場より運動場の方が水たまりができやすい。砂場の砂と運動場の土を比べよう。
④粒の大きさが異なる土と砂でしみ込み方が違うのか調べる。
⑤駐車場には砂利が敷かれている。砂よりも粒が大きい砂利のしみ込み方を実験しよう。

粒の大きさの違いに気づく

粒の違いでしみ込み方が違うか実験

駐車場の砂利を考え理解を深める

# 水たまりができる理由を考える
## ～7時間～

## よう

### (3) 身近な雨水がたまりにくくするための工夫

**第6・7時** 身の回りの雨水がたまりにくくするための工夫を調べよう。

⑥学校の溝やマンホールの場所を調べ、水が流れやすくなっている工夫を見つけよう。

⑦以下の理由を考えよう。
　○道路の真ん中が少し高くなっているのはなぜか。
　○地下鉄の駅の入り口の前が少し高くなっているはなぜか。

溝の周りは斜めになって水が流れていくようになっているよ。

道路の真ん中が少し高くなっているよ。

## 授業のポイントは、ここ!

1. はじめにしっかりと雨の後の運動場を観察して、水たまりができやすいところがあることに気づかせる。

2. 学習した内容を、道路の形状や駐車場の砂利など、雨水がたまらないようにするための生活の中での工夫につなげられるように指導する。

　　　　　は、さらに授業の進め方を示したところ

# 粒の大きさで水のしみ込みやすさが違うのか？

○水たまりのできやすいところとできにくいところの土の違いに気がついてから実験を行うことで、より深い理解につながる。

**1　運動場の水のたまり具合から問題意識をもたせる（第1・2時）**

「水たまりは運動場のどういうところにできるのか調べよう」と指示し、雨が降っているときに傘を持って歩く。その後、教室で気づいたことを交流する。

○鉄棒の下に水たまりできていた。
○砂場には水たまりができていなかった。

○運動場のはしの方に水が流れた。
○へこんだところに水がたまっていた。

次の2つを問いとして取り上げて学習を進める。

①はしやへこんだところに水たまりができやすいのはなぜか。（1、2時間目）
②砂場に水たまりができやすいのはなぜか。（本時）

**2　砂場と運動場の水たまりの様子を比べる（第3時）** **主体的・対話的**

（準備物）

□じょうろ　□透明プラコップ　□移植ごて

□砂場の砂・運動場の土（バケツ1杯程度）→教師があらかじめ用意。

運動場の土は表面に大きな粒が多いため表面を取り除き下の土の部分だけ取る。

土や砂が乾いていないと実験ができないので、晴れた日の運動場で実施する。実際にじょうろの水を30秒ずつ、運動場と砂場にかける。運動場ではしばらく水たまりができるが、砂場ではしみ込んでいく。実験後次のように問い、実際に砂と土を比べて考える。

> 砂の様子と土の様子を比べて、砂場では水がしみ込みやすい理由を考えよう。

運動場の土

○運動場の土の粒は小さい。
○詰まっている感じがする。

砂場の土

○砂場の砂は粒が大きい。
○運動場の土よりすき間が多いよ。

粒の大きさとしみ込みやすさの関係に注目させて、次の時間、理科室で実験する。

## 3 粒の大きさでしみ込み方がちがうか（第4時 前半）

粒の大きさによって水のしみ込み方が違うのかを予想する。右の絵を黒板に描き、粒の大きさから理由が書けるようにする。

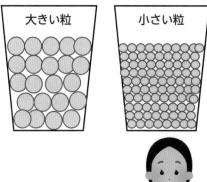

大きい粒　　　小さい粒

○大きい粒だとすき間が多いから、水が流れやすいと思う。
○粒が小さいと水が止められて流れにくいと思う。

## 4　粒の大きさで水のしみ込み方がちがうか【実験】（第4時 後半）

（準備物）

□プラカップ　□ガーゼ　□三脚　□紙コップ4つ　□水 50mL × 3
□大磯砂利（金魚を飼うときの砂利）　□運動場の土　□砂場の砂

（実験準備）

①透明のプラスチックカップの裏に穴を開けて
　ガーゼを敷いたもの3つ用意する。運動場の
　土、砂場の砂、大磯砂利を入れる。

②写真のように、三脚を紙コップの上に立てる。

③プラカップを三脚にセットする。

穴をあける。

（授業）

　粒が大きい方がしみ込むのが速いという予想
が出てきているので、より大きな粒である砂利を
用意する。金魚を飼うときの底砂利である大磯砂
利が手に入れやすい。そして次のように問う。

> 粒が大きい方がしみ込むのが速いならば、土、
> 砂、砂利で一番速いのはどれでしょうか？

　そして実験を行うが、その前に以下の2点を
しっかりと確認する。

> 土や砂の体積はどうしないといけないですか。
> 　→同じにする。
> 入れる水の量はどうしないといけないですか。
> 　→同じにする。（今回は50mL）

## 5　実験結果から、砂場に水たまりができにくい理由を考察する（第4時 まとめ）

結果は砂利が一番速く水がしみ込む。以下のような考察をさせるとよい。

> 結果から、砂場の砂は運動場の土よりも粒が大きくて水がしみ込みやすいか
> ら、水たまりができにくいのだと考えられる。

以下の考察だとやり直しになる。

> 結果から、砂場の砂の方が速く水がしみ込むから、水たまりができにくいと考えられる。

「どうして速くしみ込んだのですか？」と問い返し、粒の大きさに注目させた考察が書けるようにする。

## 5 駐車場に砂利を敷いている理由を考える（第5時） 主体的・対話的

土の駐車場の写真を提示する。

> 雨が降った後の駐車場の写真です。水たまりができていますね。どんなことに困りますか？

○降りたとき、足が汚れる。
○車が水をはねてしまう。
○車が汚れる。
○車が通って、穴があいてしまう。

意見交流後、砂利の駐車場の写真を提示する。

> 水たまりができないように工夫してる駐車場です。なぜ水たまりができにくくなったと思いますか？

　地面が砂利になっていることに子どもは気がつく。砂利は粒が大きいため、水が速く通過するので水たまりができにくい。
　実際に駐車場に使われる大きな石で前時のしみ込み方の実験を行うと一瞬で水が通過することを体感できる。

（蔭西　孝）

# 5年 「流れる水のはたらき」

## 流れる水のはたらきと土地の変化の関係について調

### (1)川と川原の石

**第1〜3時** 川の上流・中流・下流の地形の違いや石の違いについてまとめる。

①教科書の写真を見て、上流・中流・下流の地形の違い、石の大きさや形の違いを調べよう。

②川の上流と下流の石の違いができる理由を実験で調べよう。

> ★ポイント★
> 生け花用スポンジを切ったものを水の入ったびんに入れ50回、100回、150回振ったものを取り出すと、角が取れて丸くなっていく様子が見られる。

③川の上流・中流・下流での川幅、土地の傾き、水の流れ、 石の形の違いをまとめてみよう。

### (2)川の曲がりによるけずられ方のちがい

P.114・115に授業細案

**第4〜7時** 川の曲がっているところでは、どちらの地面がけずられやすいかを調べる。

④川の曲がっているところでは、どちらの地面がけずられやすいかを調べよう。

> ★ポイント★
> 土の斜面に蛇行した水の通り道をつくり、水が流れやすくする。蛇行した部分には、旗を立て、どちらの地面がよくけずられているかを分かりやすくする。

⑤川の曲がっているところに水を流して、気づいたことをまとめよう。

⑥流す水の量を変えたとき、どのようにけずられるのかを調べよう。

⑦川が決壊したときにどのように守るかを調べよう。

# 水害が発生するしくみに迫る

## ～12時間～

## べよう

### (3) 私たちのくらしと災害

P.116・117に授業細案

**第8・9時** 流れる水のはたらきで起こる災害を防ぐために、どのような工夫がされているかを調べよう。

⑧流れる水のはたらきで、起こる災害を防ぐために、どのような工夫がされているかを調べる。

★ポイント★
教科書の写真や、図書館にある資料などで調べさせる。

⑨もし大雨で川の水位が上昇し、危険が近づいてきたときに、何をするかを調べよう。

★ポイント★
インターネットなどで調べさせる。
避難のポイントを教える。

★避難のポイント
1 情報を得る。
2 危険な場所を確認する。
3 避難経路・避難場所を確認する。

### (4) 私たちの地域の川を調べる

**第10～12時** 私たちの地域の流れる川を調べよう。

⑩⑪実際に地域を流れる川を調べて、川の地形や様子、石の大きさや形、周りの堤防などの様子を調べ、まとめる。

★ポイント★
・安全に十分留意する。危険な場所に近づかない。
・川の様子や石だけでなく、周りの土地の様子や堤防などにも注目させる。

⑫これまでに学習してきたことをノートにまとめる。

　　　　　　　は、さらに授業の進め方を示したところ

# 流れる水のはたらきと土地の変化

○川の曲がっているところでの土地のけずられ方の違いに気づかせる。
○川のはたらきで起こる災害について自分で考え、調べる。

## 1 川の曲がっているところでは、どちらの地面がけずられやすいか（第4時）

> この写真を見て、分かったこと、気づいたこと、思ったことをノートに書きなさい。

　教科書の蛇行した川（四万十川）の写真を見せる（右図はトレースしたもの）。

　川が曲がっている、曲がったところの内側が白くなっている、などの意見が出る。

　曲がっているころに注目させ、次の問いをする。

> 川の曲がっているところでは、どちらの地面がけずられやすいですか？
> A：外側　　B：内側　　C：ほぼ同じ
> その理由も書きなさい。

　挙手で確認する。理由も聞く。川がそのまままっすぐに行くと外側に当たるから、などの意見が出る。

　実験を行う。実験では、校庭の砂場や盛り土などを使うとよい。右上写真のように下側に板、上側にプラスチック段ボールを立てかけ、斜面を作り、その上に土を載せても実験できる。

　土に蛇行した水の通り道を作り、水を流しやすくする。蛇行した部分には，旗を立て、どちらの地面がよくけずられているかを分かりやすくする（左写真）。

水を流すと、外側の地面がけずられ、旗が倒れることから、外側の方がけずられやすいことが分かる（左写真）。

その他にも、気づいたことを書かせるとよい。

・まっすぐで流れが速くなっているところでは地面がよくけずられる。

・なだらかなところや流れがゆるやかなところでは土が積もっている。

・水の量を増やすと、地面が大きくけずられる。

これらのことから、地面を流れる水のはたらきを教える。

---

地面をけずるはたらき……………しん食
土を運ぶはたらき…………………運ぱん
土を積もらせるはたらき…………たい積

---

蛇行する川の場合、外側の方が、流れが速いので地面がけずられる。内側の方は、流れがゆるやかなので土が積もる。

## 2　川が決壊したときにどのように守るか【実験】（第7時）

前ページの実験で水の量を増やすと、蛇行したところの外側の地面が決壊し，水がまっすぐに流れた（左写真の赤の矢印）。このことから、川が蛇行しているところでは、どこが危険なのかが分かる。

**主体的・対話的**

> 川が決壊するのを防ぐには何をしたらいいですか？

堤防を作る、水の流れを変える、などの意見がでる。

子どもに小石や木片などのものを自由に使い、決壊を防ぐ方法を自由に試行させる。協働的な活動になる。

実際に護岸工事をしているところでは、曲がっているところに堤防ができていることにも触れるとよい。

---

## 3　流れる水のはたらきで起こる災害を防ぐために、どのような工夫がされているか【まとめと解説】(第8時)

> 　流れる水のはたらきで、起こる災害を防ぐために、どのような工夫がされていますか?

　これまでに見てきたものを発表させる。堤防、ブロックなどの意見が出る。
　教科書にある堤防、護岸ブロック、遊水の地下池、砂防ダムなどの写真を見せ、河川が氾濫しないようにしていることを教える。
　埼玉県春日部市には地下に巨大水槽があり、大雨で増水した水を一時的に集めるはたらきをし、洪水を防いでいることを紹介するとよい。

### 主体的・対話的

> もし大雨で川の水位が上昇し、危険が近づいてきたとします。何をしますか?

・スマホやTVから情報を得る。
・できるだけ早めに避難場所に避難する。
などの意見がある。主に3つあることを教える。

> 1　情報を得る。
> 2　危険な場所を確認する。
> 3　避難経路・避難場所を確認する。

　1に関しては、「川の防災情報」と検索すれば国土交通省のサイトから情報が得られる（下にQRコード）。
　都道府県や市町村を入力すれば、全国の主な河川の現在の水位の状況や監視カメラの状況などを見ることができる。
　Yahoo! 天気・災害　河川水位情報でも、同様に全国の主要な河川の水位情報が見られる。https://typhoon.yahoo.co.jp/weather/river/
　2に関しては、ハザードマップは、各自治体のHPより掲載されているマップであり、各家庭に配布されている。津波や地震、大雨による土砂崩れ、避難

場所などあらゆる情報が掲載されている。これを見れば、自分の家にどんな危険があるかを知ることができる。

　また、右写真のように山肌が見えている場所や工事がほどこされていない山の斜面などは要注意である。

画面奥が山側

　家の中では、右写真のように斜面の反対側の2階が最も安全と言われている。

　3に関して、もし災害に遭遇したとき、どのように避難し、どこの場所に避難するのかは、家族や親族で話し合っておくのがよい。避難経路では、右写真3つのような場所では、危険である。

　特に豪雨の場合は、河川や崖から離れていけるような経路で避難することが大切である。

　また、最寄りの避難場所でも、やるべきことは数多くある。毛布が支給されているか、水は確保されているか、トイレは使えるか、食料は調達されているか、どのくらいの人数の人が避難しているか。避難場所では、子どもから高齢者までのいろんな年代の人がいる。それらに対応した動きを求められる（右下は実際写真）。

　実際に避難所に行ってみると、衣服や毛布、飲料水や食料は届くものの、ティッシュや軍手、医療品（目薬・胃腸薬）などは不足していた。

　よって、避難所のニーズに合わせた支援が必要となることも話しておくとよい。

届いていたもの
・衣服
・毛布
・飲料水
・食料

不足していたもの
・ティッシュ
・軍手
・医薬品
（目薬・胃腸薬）

　本単元の最後に、調べ学習としてこれらの情報を基とした地域調べを行ったり、ハザードマップを調べたりすると、より探究的な活動ができる。

（山本芳幸）

# 6年 「月の位置や形と太陽の位置」

## 日によって、月の形が変わって見えるのは、なぜな

### (1)太陽と月は、似ているのか、違いがあるのか

**第1・2時** 太陽と月の特徴を調べる。

①太陽について、調べて分かったことを書こう。(本、インターネット)
②月について、調べて分かったことを書き、太陽と月の似ているところ、違う
　ところをまとめよう。(本、インターネット)

〈調べて分かったこと〉
・どちらもまるい
・太陽に黒い点がある
・月の表面にくぼみがある

|  | 直径 (km) | 地球からのきょり (km) |
|---|---|---|
| 地球 | 約 13000 | —— |
| 月 | 約 3500 | 約 380000 |
| 太陽 | 約 1400000 | 約 150000000 |

### (2)【観察】日によって、なぜ月の形が変わるのか

P.120～123に授業細案

**第3・4時** 条件を絞って、太陽・自分・月の位置を観察し確認する。

③三日月・半月・満月の観察カードを一緒に描こう。
　宿題で「観察時刻を午後6時頃」、「南を向く」という条件で月の観察。
④宿題の観察でも「太陽・自分・月の位置関係」と「輝いているのは太陽のある側」
　であることを確認しよう。

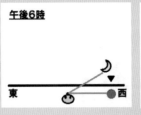 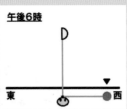 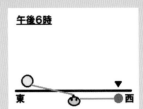

○太陽が沈む位置は同じ
○太陽・自分・月の位置確認
○輝いているのは太陽のある側

# 月と太陽の動きはからだを使って理解しよう！

## ～6時間～

## のだろうか？

### (3)日によって、なぜ月の形が変わるのか
### （地球目線と宇宙目線）
P.123～125に授業細案

**第5・6時** モノを使って活動し、なぜ月の形が変わるのかを確かめる。

⑤月の見え方を予想して、太陽と月の位置関係を調べる実験で、どのように見るのか確認しよう。（地球目線）

⑥月の軌道の輪をつくって、宇宙目線と地球目線で月の見え方を比べよう。
（宇宙目線と地球目線）

【地球目線】

【宇宙目線】

○宇宙目線で確認した後、
地球の位置に入って地球目線

---

## 授業のポイントは、ここ！

**1　観察時刻は同時刻で、南を向く！**

　観察をさせる前に、「同時刻で南を向く」という条件を押さえ、必ず授業で観察の仕方とどのように見えるか観察カードを一緒にかいておく。

**2　「位置関係」と「太陽がある側が輝いている」の2点を必ず確認**

　「太陽・自分・月の位置関係」と「輝いているのは太陽のある側」の2点は、観察カードをかくときも、地球目線や宇宙目線の実験をするときも確認する。

　　　　　　　　　　　　　　　　　　　　は、さらに授業の進め方を示したところ

# 月の見え方〜月の観察から実験まで〜

○観察をもとに、月の見え方を再現実験で確かめる。
○地球目線と宇宙目線で、月の見え方を体感し、表現させる。

## 1　月の観察の仕方と記録の仕方を指導する（第3時）

> 午後6時に南を向いた図を描きます。真似をして描きなさい。

【板書の例】板書と同じように、3枚の記録用のカードに書く。

【ポイント】今回は、午後6時で南を向く。
「観察は同時刻で、南を向く」という条件を必ず押さえる。

> 今夜、三日月が見えるので1枚書きます。月の位置と形を記録しなさい。

> 何日かたって、半月、満月になったら2枚目、3枚目に記録しなさい。

月………西
月の形…三日月

月………南
月の形…半月

月………東
月の形…満月

【ポイント】
月の位置が変わり、月の形が変わることを気づかせる。

　授業で描いた観察カードをもとに、「午後6時、南を向く！」を押さえて、宿題で観察させる。月齢カレンダーなどで三日月が見える日を確かめて観察を始める。

## 2　月の観察結果を確認する（第4時）
　太陽・自分・月の位置を図に描いて確認する。

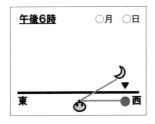

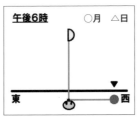

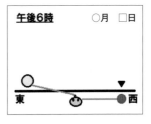

【輝いているのは】
太陽のある側

【輝いているのは】
太陽のある側

【輝いているのは】
太陽のある側

【ポイント】
三日月・半月・満月のどの場合も、「輝いているのは太陽のある側」であることを確認する。

## 3　観察をもとに月の見え方を実験で再現する（第5時）

**主体的・対話的**

Aに月があるとき、月は三日月・半月・満月のどれでしょうか。

右図を黒板に描き、予想と理由をノートに書かせて、発表させる。

【予想される児童の反応】

・ Aは半月に見えると思う。理由は、自分から見た太陽と月の位置が近いから。

・ Aは三日月か半月に見えると思う。理由は、太陽がある側が輝くから満月ではない。

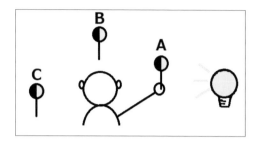

Aに月があるとき、どのように見えるか確かめて、月の形を色塗りしなさい。

←持っている月は
　P.125の＋αコ
　ーナーを参照

Aの月

三日月

【ポイント】
　全員が一度に実験できるように、白熱電球を太陽、自分の頭が地球、35mmの発泡スチロール球を月にして、暗幕を閉め電気を消して観察する。

【ポイント】
　円を描いてから、三日月を描くように指導する。
　見えた月を黄色の色鉛筆で色塗りさせる。

同じように、BとCも行い、観察した結果をまとめる。

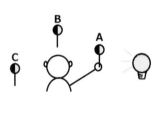

Aの月　　　Bの月　　　Cの月

三日月　　　半月　　　満月

> それぞれの月の形が見えるとき、太陽と月の角度を答えなさい。

　自分から見て、太陽と月の角度がどのくらいか意識させる。次に、月が輝いている側を意識させる。

> 月が輝いているのは、何がある側ですか。お隣さんと話し合いなさい。

　話し合った後、月と太陽の位置関係、月が輝いている側について、ノートにまとめさせる。

> 月と太陽の位置関係と月が輝いている側は何かをノートにまとめなさい。

【ノート例】

【ポイント】
　早く書けた児童に黒板に書かせる。
　まとめられない児童には、真似させるとよい。

> 月と太陽の位置関係
> 　三日月のときは、太陽と月が近い。
> 　半月のときは、太陽と月の位置が90度。
> 　満月のときは、太陽と月は直線上で180度。
>
> 月が輝いている側
> 　太陽のある側。

## 4　地球目線と宇宙目線を体感させ、月の見え方を表現させる（第6時）

> 　太陽を黒板側にあるとして、地球の周りを回っている月8個をフラフープに貼り付けなさい。

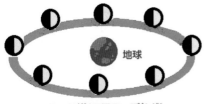

太陽の光

地球

月の軌道(フラフープなど)

【ポイント】
　半分ずつ黄色と黒で塗り分けた発泡スチロール球8個を準備し、「輝いているのは太陽のある側」を押さえて月を貼らせる。

分かったこと・気づいたこと・思ったことをノートに書きなさい。

【予想される児童の反応】

・地球の外側から見ると、月はどこにあっても同じ形に光って見える。

・8個以外に他の場所でも、月は同じ形に光って見えるだろう。

　ノートに書いた後、発表させる。

1人ずつ地球の場所に入って、月がどのように見えるか見てごらんなさい。

【ポイント】
　宇宙には方位がないので、観察者（自分が向いている方向）は、「南を向いている」ということを必ず押さえる。
　太陽が右手にあるときは、西に太陽があるということなので、「夕方」、太陽が左手にあるときは、東に太陽があるということなので、「朝方」になることを伝える。

分かったこと・気づいたこと・思ったことをノートに書きなさい。

【予想される児童の反応】

・宇宙目線で見ると月の形は全部同じだったのに、地球目線で見ると月の形が違って見える。

・地球目線で見ると、月の形がだんだん大きくなったり、小さくなったりするのが分かった。

　ノートに書かせた後、発表させる。

# 観察で使用するモノの紹介

【月モデル】（クラスの人数分）
　月は、35mmの発泡スチロール球を使用する。
竹串の先は危険なので、切って使用する。

太陽に近い月
三日月

太陽と月の位置 90 度
半月

太陽と月の位置 180 度
満月

【宇宙目線で体感モデル】（クラスに1つか2つ）
　月は、90mmの発泡スチロール球を8個使用する。半分に黄色、半分に黒色を塗る。それをフラフープや丸くしたホースを月の軌道とし、発泡スチロール球の黄色い面が同じ向きを向くように取り付ける。

（尾川智子）

◎執筆者一覧　　※印は編者

関澤陽子　　　群馬県公立小学校教諭
尾川智子　　　福井県公立中学校教諭
千葉雄二　　　東京都公立小学校教諭　※
髙木順一　　　東京都公立小学校教諭
蔭西　孝　　　大阪府公立小学校教諭
家根内興一　　大阪府公立小学校教諭
松浪由起　　　大阪府私立中学校教諭
上木朋子　　　福井県公立小学校教諭
山本芳幸　　　岡山県公立中学校教諭


◎執筆協力者一覧

伊藤拓也　　　千葉県公立中学校教諭
久保木淳士　　広島県公立中学校教諭
長田修一　　　北海道公立小学校教諭
安藤京祐　　　神奈川県公立中学校教諭
上野裕之　　　長崎県公立中学校教諭

◎監修者

谷　和樹（たに・かずき）

玉川大学教職大学院教授


◎編者

小森栄治（こもり・えいじ）　日本理科教育支援センター

千葉雄二（ちば・ゆうじ）　東京都公立小学校教諭

吉原尚寛（よしわら・なおひろ）　千葉県公立中学校教諭

授業の腕が上がる新法則シリーズ
「理科」授業の腕が上がる新法則

2020年5月10日　初版発行

監　修　谷　和樹
編　集　小森栄治・千葉雄二・吉原尚寛
執　筆　「理科」授業の腕が上がる新法則　執筆委員会

発行者　小島直人
発行所　株式会社学芸みらい社
　　　　〒162-0833　東京都新宿区箪笥町31箪笥町SKビル
　　　　電話番号 03-5227-1266
　　　　http://www.gakugeimirai.jp/
　　　　E-mail : info@gakugeimirai.jp
印刷所・製本所　藤原印刷株式会社
企　画　樋口雅子
校　正　大場優子
装丁・本文組版　小沼孝至

# 授業の腕が上がる新法則シリーズ　全13巻

## 監修：谷 和樹（玉川大学教職大学院教授）

**新指導要領対応！**

新教科書による「新しい学び」時代、幕開け！
2020年度からの授業スタイルを「見える化」誌面で発信！

| 4大特徴 | | |
|---|---|---|
| 基礎単元＋新単元をカバー | | 授業アイデア＆スキル大集合 |
| 授業イメージ、一目で早わかり | | 新時代のデジタル認識力を鍛える |

◆「国語」授業の腕が上がる新法則
村野 聡・長谷川博之・雨宮 久・田丸義明 編
978-4-909783-30-1　C3037　本体1700円（＋税）

◆「社会」授業の腕が上がる新法則
川原雅樹・桜木泰自 編
978-4-909783-32-5　C3037　本体1700円（＋税）

◆「算数」授業の腕が上がる新法則
木村重夫・林 健広・戸村隆之 編
978-4-909783-31-8　C3037　本体1700円（＋税）

◆「理科」授業の腕が上がる新法則※
小森栄治・千葉雄二・吉原尚寛 編
978-4-909783-33-2　C3037　本体2400円（＋税）

◆「生活科」授業の腕が上がる新法則※
勇 和代・原田朋哉 編
978-4-909783-41-7　C3037　本体2400円（＋税）

◆「音楽」授業の腕が上がる新法則
関根朋子 編
978-4-909783-34-9　C3037　本体1700円（＋税）

◆「図画工作」授業の腕が上がる新法則
1～3年生編※
酒井臣吾・谷岡聡美 編
978-4-909783-35-6　C3037　本体2400円（＋税）

◆「図画工作」授業の腕が上がる新法則
4～6年生編※
酒井臣吾・上木信弘 編
978-4-909783-36-3　C3037　本体2400円（＋税）

◆「家庭科」授業の腕が上がる新法則
白石和子・川津知佳子 編
978-4-909783-40-0　C3037　本体1700円（＋税）

◆「体育」授業の腕が上がる新法則
村田正樹・桑原和彦 編
978-4-909783-37-0　C3037　本体1700円（＋税）

◆「道徳」授業の腕が上がる新法則
1～3年生編
河田孝文・堀田和秀 編
978-4-909783-38-7　C3037　本体1700円（＋税）

◆「道徳」授業の腕が上がる新法則
4～6年生編
河田孝文・堀田和秀 編
978-4-909783-39-4　C3037　本体1700円（＋税）

◆「プログラミング」授業の腕が上がる新法則
許 鍾萬 編
978-4-909783-42-4　C3037　本体1700円（＋税）

**各巻A5判並製**
**※印はオールカラー**

---

## 激動する社会の変化に対応する教育へのパラダイムシフト ── 谷 和樹

　PBIS（ポジティブな行動介入と支援）というシステムを取り入れているアメリカの学校では「本人の選択」という考え方が浸透しています。その時の子ども本人の心や体の状態によって、できることは違います。それを確認し、あくまでも本人にその時の行動を選ばせるという方法です。これと教科の指導とを同じに考えることはできないかも知れません。しかし、「本人の選択」を可能にする学習サービスが世界的に広がり、増え続けていることもまた事実です。

　また、写真、動画、Webページなど、全教科のあらゆる知識をデジタルメディアで読む機会の方が多くなっているのが今の社会です。そうした「デジタル読解力」について、今の学校のカリキュラムは十分に対応しているとは言えません。

　子どもたち「本人の選択」を保障する考え方、そして幅広い「デジタル読解力」を必須とする考え方を公教育の中で真剣に考える時代が到来しつつあります。

　本書ではこうしたニーズにできるだけ答えたいと思いました。

　本書の読者のみなさんの中から、そうした問題意識をもち、一緒に研究を進めていただける方がたくさん出てくださることを心から願っています。